Descartes
l'aventurier inconnu

Descartes, ce mortel dont on eût fait un dieu
Dans les siècles passés, et qui tient le milieu
Entre l'homme et l'esprit
                              Jean de La Fontaine

Dimitri Davidenko

Descartes
l'aventurier inconnu

Statue de Descartes à Tours, Indre-et-Loire

les éditions de la Neva

© 2018 Dimitri Davidenko et les éditions de la Neva

Editeur : Les éditions de la Neva
40, rue Madeleine Michelis
92200 Neuilly-sur-Seine
www.editionsdelaneva.com

Impression : BOD – Books on Demand - Allemagne

Tous droits réservés

ISBN 978-2-916830-04-9

Dépôt légal : février 2018

PREMIÈRE PARTIE

RENÉ DESCARTES SEIGNEUR DU PERRON

Chapitre 1

L'ENFANT SOLITAIRE

Le 31 mars 1596, Jeanne Descartes accouche chez sa mère, à La Haye, un bourg de Touraine, de son troisième enfant. Il se prénommera René, comme son grand-père maternel, feu René Brochard, conseiller et financier d'Henri IV, roi de Navarre, puis de France. Quelques mois plus tard, la jeune femme, mal remise de ses couches, se retrouve enceinte. Minée par la tuberculose, elle meurt en mettant au monde un garçon qui ne survit pas.

René, son dernier né, condamné par les médecins à mourir bientôt d'un « mal de poumons » hérité de sa mère, est confié à une nourrice, qui se prend de passion pour le bébé. Jour après jour, elle veille sur cette vie fragile.

Trois ans après la disparition de sa femme, Joachim Descartes se remarie. Cette alliance avec une riche famille de propriétaires terriens consolide sa fortune et sa position sociale.

À son grand étonnement, le petit René a survécu. Il envoie le garçonnet, avec sa nourrice, rejoindre Jeanne, sa sœur aînée, chez leur grand-mère maternelle. La grande sœur l'accueille avec joie, mais on la met aussitôt en garde.
– Ce petit garçon est malade. Il ne faut surtout pas le brusquer.
À la moindre contrariété, il devient livide. Son nez se pince, ses orbites se creusent, une fine suée couvre son visage, il frissonne, suffoque, s'étouffe. Secoué de spasmes, il court vers sa nourrice, se réfugie dans ses bras. Pleine de tendresse et de charité chrétienne, elle le cajole, le console durant ses crises d'asthme, le soigne avec des plantes et beaucoup d'amour. Elle sait l'apaiser.
René grandit peu et reste malingre. Il est renfermé, orgueilleux, tourmenté, sauvage. Il ne se livre jamais. Tôt le matin, le petit garçon taciturne part vagabonder loin de la maison. Ce monde de femmes, un monde de douceur et de douleur, sa grand-mère en deuil, sa sœur au sourire triste lui rappellent sans cesse sa mère disparue.
Sa mère qu'il croit morte de lui avoir donné la vie. Les braves gens du voisinage lui ont dit qu'il était né dans un fossé, au lieu-dit le Pré-Fallot. Ils en parlent souvent, c'est un événement !
– L'épouse de Monsieur le Conseiller au Parlement de Bretagne revenait de Rennes pour passer la fin de sa grossesse dans sa maison d'enfance.

Elle n'a pu atteindre le village de La Haye, elle a accouché avant.

– C'est à cause des secousses, elles ont provoqué les douleurs.

René les questionne avidement.

– C'est vrai, les passagers ont abandonné ma mère au bord de la route ?

– En pleine campagne. Elle a accouché sur son manteau de voyage, dans l'herbe, toute seule.

– Un vieux paysan qui cherchait des champignons vous a trouvés là, au bout d'un champ. Il a couru jusqu'à l'église en criant Noël, Noël ! Il croyait avoir vu la Vierge et l'Enfant réincarnés.

– Eh ! C'est bien miracle, si vous n'êtes pas morts dans le chemin creux. Avec tout le sang qu'elle avait perdu.

René ignore qu'il s'agit de son frère décédé, dans sa famille on n'en parle jamais. Alors il pense que sa mère est morte peu après sa naissance. A cause de lui. Il erre dans les chemins de campagne. Seul avec ses pensées, son amertume. Jamais plus il ne s'attachera à un être, à un lieu. A quoi bon ? Rien n'est sûr. Rien ne dure. La vie est précaire. Sa mère est morte. Comme elle lui manque !

La mélancolie, ce « mal du siècle » de tous les temps, loin de lui couper l'appétit, lui donne la boulimie. Les médecins le rationnent. Affamé et malheureux, le petit garçon se réfugie dans sa chère solitude.

Les splendeurs de la Touraine, le « jardin de la France », le consolent. Au rythme des saisons, il voit la vie éclore, s'épanouir, donner des fruits, s'étioler, disparaître, renaître encore et toujours. Superbe et impitoyable nature aux lois cruelles. Mille chefs-d'œuvre meurent pour donner naissance à dix mille autres chefs-d'œuvre, tout aussi éphémères. Inutile de se rebeller, elle est ainsi faite, il faut l'accepter. Mieux vaut l'étudier, afin de la comprendre. À son école, le petit René Descartes décide de vivre en spectateur. Il se promène sur les bords de la Creuse, observe les pêcheurs, les questionne, s'intéresse aux poissons, aux insectes. Tout le passionne, il veut tout savoir.

Et puis il rencontre Françoise. Elle louche. Ses yeux égarés l'ont touché. Séduit. Comme lui, elle est vulnérable, démunie. Il l'aime ! C'est sa seule amie, son premier amour, son grand amour d'enfance. Il l'aimera toute sa vie. Plus tard, bien des années après, il ne pourra rencontrer une jeune fille affligée de strabisme sans en tomber aussitôt amoureux. C'est sa façon d'être fidèle.

René et Françoise s'aiment depuis qu'ils se sont croisés au cours d'une promenade en solitaire. Les petits paysans qui règnent sur la campagne environnante les ont exclus de leur bande, elle pour sa disgrâce, lui pour sa différence.

Ils refusent de les laisser participer à la guerre contre les messiers, ces gardes-moisson chargés de protéger récoltes et fruitiers. Alors Françoise et René grimpent sur la colline. Le cœur serré, ils assistent à la bataille qui se déroule dans la plaine. Sans eux.

C'est une guerre d'embuscades, de ruses, d'approches rampantes sous les taillis. Une leçon de vie ! Un éclaireur localise le garde caché derrière une haie de ronces, puis s'avance, l'air dégagé, cueille une pomme, une grappe de raisin. Le messier surgit, hurle, brandit son gourdin, le course. Aussitôt la bande envahit le verger, grappille cerises et pêches, se disperse en courant sur un sifflet du guetteur perché dans un chêne. Le gardien revient, exténué, et repart à la poursuite des chapardeurs. Si par malheur il est sur le point d'en rattraper un, les fruits passent de main en main jusqu'aux fuyards inaccessibles. Le chenapan se débat, proteste.

– J'ai rien pris, m'sieur, c'est eux !

Le messier doit le relâcher...

Françoise et René ne connaîtront jamais ces émotions, ces aventures leur sont interdites. Ils se promènent ensemble. Ils s'aiment parce qu'ils sont malheureux ensemble.

Vient le temps du collège. Les années terribles. « Pédants, peine, peur, punitions, prison, pauvreté, petites portions, poux, puces, punaises, tous les malheurs des écoliers commencent par un p », écrira le romancier Charles Sorel.

Enfermés comme moines en cloître dans des bâtisses humides, mal chauffées, abrutis de Grec et de déclinaisons latines, les élèves ne doivent parler qu'en Latin, même entre eux. Les rires, les jeux sont interdits. Le régent de discipline rôde dans les couloirs, un fouet à la main, à l'affût du moindre acte d'indiscipline, prêt à jeter les fautifs au cachot, au pain sec et à l'eau. René, habitué à la liberté et à la solitude, ne le supporterait pas.

Henri IV, protestant converti pour prendre le pouvoir, veut s'appuyer sur un parti de catholiques à sa dévotion. Par l'édit du 2 janvier 1603 il fait revenir les jésuites chassés de France sous Henri III, les rétablit dans leur ancienne puissance, leur restitue tout ce qu'ils ont perdu et leur donne son palais de La Flèche avec de grandes sommes d'argent pour rendre les bâtiments commodes et magnifiques et une dotation annuelle de onze mille écus d'or afin d'en faire un collège dans lequel les fils de la noblesse française seront élevés dans les Bonnes Lettres et les maximes de la Véritable Religion.

Paris vaut bien une messe, le retour de la Compagnie vaut bien un accommodement avec le Ciel. « L'hérétique » n'aura pas de plus fidèle soutien que les jésuites. Leur Supérieur général a regroupé à La Flèche ses meilleurs professeurs avec une consigne, l'égalité devant les études. Seuls les écoliers de haute naissance ont une chambre particulière avec domestique, les autres logent en dortoir. Les cours et les devoirs sont communs.

Quiconque veut plaire au roi doit inscrire ses fils au collège jésuite de La Flèche. Les enfants de bonne bourgeoisie ou de petite noblesse qui bénéficient de cet enseignement de haut niveau occuperont des postes importants et seront les plus sûrs défenseurs du trône.

C'est la ruée. Pierre, le fils aîné du Conseiller Joachim Descartes, en est. Et René ? Son père ne s'en soucie pas. Heureusement un parent de sa famille, le père Charlet, est nommé professeur au collège royal. Il y retrouve son neveu, Pierre, et s'inquiète de son frère cadet. On lui apprend que sa grand-mère, accablée par la perte de son mari et de sa fille, murée dans son chagrin, laisse le jeune René courir la campagne. Indigné, le jésuite intervient en termes énergiques auprès de Joachim Descartes.

René, quasi illettré, est admis à La Flèche après les vacances de Pâques 1607, à onze ans tout juste. Il quitte Françoise, ses libres vagabondages et l'observation de la nature. Après un pénible voyage en malle-poste sous la férule d'un domestique de son père il se retrouve seul dans la cour du collège parmi des centaines d'écoliers surexcités. Il les regarde embrasser leurs parents qui les accompagnent jusqu'au portail, puis les quitter en courant, heureux de vivre, de chahuter avec leurs camarades de classe retrouvés. Désemparé, étourdi de cris, d'appels, bousculé par les « grands », choqué par sa séparation d'avec Françoise, loin de sa campagne silencieuse, il ne sait que faire.

Le préfet de discipline remarque ce petit garçon perdu et le mène auprès du père Charlet. En homme de cœur, le jésuite le devine anxieux, hypersensible, mal à l'aise. Il l'écrit à Joachim Descartes. « Cet enfant est d'une gravité naturelle qui le porte plus à la méditation qu'aux jeux. Il faut lui donner la joie de vivre. »

Mais le père de René se désintéresse totalement de son fils. Le jésuite devient le directeur d'études de l'enfant abandonné.

Privé d'échanges, de dialogues, de présence humaine, René a inventé et développé en toute liberté son propre univers mental. Il se pose des questions, cherche les réponses, tente de les vérifier lui-même. Avec Françoise il monologuait, elle l'écoutait mais ne le comprenait pas. Comme les artistes, il s'est créé un monde intérieur personnel et il est incapable de s'adapter à la vie en société. Les écoliers se moquent de lui, ses compagnons de dortoir le tiennent à l'écart. Il ne parvient pas à partager leurs jeux, leurs futiles préoccupations, l'attente fébrile d'une lettre de leur chère maman, l'annonce d'une récompense paternelle pour une bonne note. Il ne reçoit aucun courrier.

Il se réfugie dans les études, rattrape son retard et très vite, dépasse les meilleurs élèves. En récompense, le père Charlet, nommé recteur du collège, lui accorde une chambre individuelle et, privilège inouï, le dispense de la messe et des activités du matin, en raison, dit-il, de « sa santé délicate ». Il a décidé de laisser cet être d'exception se gouverner lui-même.

Les écoliers se lèvent à l'heure solaire, à quatre heures du matin l'été, à cinq heures en hiver. Ils assistent à la messe, se restaurent puis révisent leurs cours sous la surveillance du régent.
René Descartes se réveille à son heure, assez tard. Il paresse un long moment dans un demi-sommeil, puis se met au travail. Dans cette chambre bien à lui il retrouve ses habitudes et peut réfléchir à son rythme. Suivre le fil de ses pensées sans être ni perturbé, ni interrompu, ni critiqué, quelle manière agréable, efficace et rapide de s'instruire ! Il en éprouve une sensation de bien-être, de confort, de repos. Il a retrouvé sa chère solitude…

Son adolescence s'écoule ainsi, dans le plaisir innocent de l'étude, écrira-t-il en songeant au passé. Quand il aborde une question nouvelle il tente d'abord de la résoudre par lui-même, sans aide, par le raisonnement.

Le père Charlet s'en est étonné.

– Tu n'as pas pris de livres ? Pourtant la bibliothèque du collège est à ta disposition !

C'est un privilège unique, aucun autre élève n'est admis à emprunter ces ouvrages rares et chers sans le contrôle d'un régent d'étude. L'écolier de treize ans a souri modestement.

– J'ai toujours procédé ainsi. Je ne veux pas me priver du contentement de trouver seul la solution.

Ce n'est qu'ensuite qu'il consulte ces vénérables écrits en latin ou en grec, pour confronter ses résultats avec les idées des Anciens. Il aime lire Platon et découvre l'absurdité et l'inutilité de la scolastique, l'enseignement de l'École, ces compilations dénaturées de siècle en siècle par des copistes ignares d'après de mauvaises traductions de textes antiques et de discours vides de sens. Socrate dénonçait déjà ces bavards, il y a deux millénaires de cela ! Mais il est si avide de savoir, si heureux d'exercer son esprit, il travaille si sérieusement que par jeu puis par défi il surpasse de très loin les meilleurs élèves dans toutes les disciplines.

En 1610, la mort du roi, assassiné par Ravaillac, interrompt les cours. René aime l'éloquence et la poésie. Il fait partie des élèves qui composent une ode funèbre en latin à la mémoire du prince. Avec mille deux cents écoliers il suit le cortège des dignitaires de l'Église et des hauts seigneurs venus déposer l'urne contenant le cœur du roi dans la chapelle du collège de la Flèche. Il a pris de l'assurance, en classe il domine les débats grâce à une méthode très personnelle.

Au début des disputes en dialectique et en logique il laisse parler tout le monde, puis il se lève. Afin d'éviter les quiproquos il commence par donner une définition précise des mots employés par les élèves et leur demande ce qu'ils entendent exactement par tel ou tel concept, principe ou idée. Lorsque tout le monde est d'accord sur la signification des termes, il développe un raisonnement logique et en tire une conclusion incontestable. Le débat est clos. Son régent des études, inquiet d'être dépassé par ce jeune écolier, s'en plaint au recteur, le père Charlet, et à son préfet d'études le père Dinet.

– Cette méthode singulière rend la discussion impossible, leur dit-il.

Mais cela plaît fort aux deux jésuites, et ils décident de laisser cet esprit éblouissant ses développer librement.

René est presque heureux. Il se sent soutenu, admiré. Faute d'aimer et d'être aimé, il goûte plus que jamais aux joies de la solitude. Il a découvert une discipline qui satisfait enfin sa soif de rigueur et d'exactitude, les mathématiques. Il en entreprend l'étude seul dans son lit, comme toujours. Dévoré par sa nouvelle passion, il progresse si vite qu'il dépasse ses maîtres, pourtant les jésuites ont la réputation d'être les meilleurs professeurs de mathématiques d'Europe. Aussi pensent-ils avoir découvert pour la plus grande gloire du collège royal un immense génie, « le plus grand mathématicien que Dieu ait créé ». Les révérends pères, extasiés, heureux d'en répandre le bruit, le répètent à l'envie ! En récompense, René reçoit l'autorisation de consacrer sa dernière année de cours à l'étude solitaire des mathématiques de très haut niveau. Il a depuis longtemps maîtrisé le grec, le latin et les arts libéraux du trivium et du quadrivium, bases de l'enseignement scolastique dispensé dans les collèges. À l'issue d'une telle scolarité, ses examens ne sont qu'une formalité.

Au début du mois d'août, la cérémonie de remise des diplômes, la collation des grades, marque la fin de l'année scolaire. Monseigneur l'évêque, qui célèbre à cette occasion une messe à la mémoire du roi fondateur Henri le Grand, la préside en personne. Ce jour-là une cohue multicolore de petits nobles ornés de dentelles, au bras de dames vêtues de soie et de brocarts, se dirige vers le portail de La Flèche, le collège à la mode. Les riches bourgeois chamarrés et leurs demoiselles, leurs épouses, se récrient devant les embarras de carrosses. Il faut absolument arriver jusqu'à la place pour être vu en grand équipage ! Tout ce beau monde se salue, se congratule, exhibe ses laquais en livrée, fait étalage de ses richesses et de ses relations. Seuls les grands seigneurs ne sont pas arrivés car ils se doivent pour garder leur rang d'être en retard.

Après la messe la foule se rend dans la grande salle du collège, sombre et fraîche. Les professeurs en tenue de cérémonie, soutane noire, longue toge noire soulignée d'hermine blanche et bonnet carré noir, s'alignent sur une estrade autour du recteur.

En présence de tous les écoliers et de leurs parents mais en l'absence de son père, « retenu par ses obligations », René Descartes s'avance pour être investi de ses titres. Le père Dinet, son préfet d'études, lui remet le baccalauréat ès arts pour avoir disserté de la dialectique et de la physique d'Aristote, puis le recteur, le père Charlet, prend la parole.

Voici le moment solennel, son directeur d'études va lui décerner la licence ès arts et le magistère ès arts. Le jésuite brandit un livre de philosophie en « Latin entrelardé de Grec », expression favorite de Descartes, relié en cuir épais, clos par un fermoir de cuivre cacheté à la cire.

– Il est scellé, tonne le prêtre en latin, car son contenu, symbole de la connaissance, est interdit aux profanes, ils en feraient mauvais usage. Seuls les détenteurs de la sagesse peuvent le consulter.

René Descartes tend les mains, paumes ouvertes, pour recevoir l'offrande. Le recteur y dépose lentement le gros volume. Renatus Cartesius est sacré docteur ès arts. Le père Charlet reprend le livre, brise le cachet, ouvre le volume. Sa voix résonne sous la voûte.

– En vobis Philosophicum librum, clausum, apertum, et Artes liberales, ipsamque Philosophiam tradenti autoritatem habote.

Le nouveau pédant est autorisé à dispenser le savoir des livres en cours magistraux avec la caution de l'École. Nul ne doit contester son autorité.

Un régent s'avance. Il porte des anneaux d'or sur un coussin noir. Le recteur en saisit un, le passe à l'annulaire du lauréat. Son ton s'adoucit.

– Accipite annulum, et intelligite per hunc vobis Philosophiam omnisque liberalis artis doctrinam traditam et quasi desponsam.

René Descartes est uni à la Philosophie, il doit la traiter et l'honorer comme son épouse légitime. Deux maîtres d'études le revêtent d'une longue cape noire avec en sautoir sur l'épaule gauche une bande d'étoffe garnie d'hermine, l'épitoge. Le père Charlet le met en garde.

– Induimini epomidem, et non habitu solum, verum et moribus et doctrina vos Philosophos proestate. N'imitez pas certains confrères qui n'ont du philosophe que le manteau et la barbe, pallio et barba.

René s'incline. Le recteur le coiffe du bonnet carré.

– Et pilum capite, id est jam soepius animo cupitam libertatem, cujus est hoc monimentum !

En ce mois d'août 1615, René Descartes, reçu au rang de docte ès arts libéraux à dix-neuf ans et demi, est sorti de la sujétion de ses précepteurs. Il a appris tout le savoir de son temps. Dans un nuage de bénédictions il quitte ses maîtres, leur amitié, leur compréhension, leur sollicitude.

L'enfant sans amour était admiré, adulé. Le jeune prodige retombe dans l'indifférence, le mépris et bientôt la haine.

Son père l'a inscrit à l'université de Poitiers, la meilleure de France tant pour le droit canon, religieux, que pour le droit civil. Joachim Descartes n'a qu'une ambition, que ses fils puis ses petits-fils deviennent aussi magistrats afin que sa famille accède à cette noblesse de robe qui fait tant rêver les bourgeois parvenus. Il faut trois générations de robins pour être anobli. S'ils suivent la carrière ses petits-enfants porteront la particule. Son père, médecin à Châtellerault, lui a légué des biens. Il a les moyens d'acheter des charges pour son fils aîné qui termine ses études de droit, pour Joachim, né de son second mariage, encore écolier, et même pour René, qui peut devenir Premier Président au Mortier grâce à l'appui de ses maîtres. Il faut exploiter au mieux l'incompréhensible admiration des jésuites.

René Descartes, au sortir du collège de La Flèche, est un jeune homme impressionnant. À la première contrariété, à la plus petite joie, lorsqu'il réfléchit, ses yeux gris virent au noir. Un noir intense qui reflète chez cet être solitaire l'éclat inquiétant d'une passion surhumaine. Ces yeux de jais n'offrent aucune prise à ses interlocuteurs. Face à ce regard intense et insaisissable ils ne peuvent que l'admirer ou le détester. Il méprise la fortune, le hasard de sa naissance. Il a côtoyé tant de jeunes aristocrates favorisés par le sort, bien tournés, séduisants, pleins de distinction, d'aisance naturelle, riches, oisifs et parfaitement idiots ! Il méprise son père, ce robin en mal de titres de noblesse.

Il méprise la chicane, les avocassiers et leur jargon. Il en a tâté à La Flèche. Il méprise l'exception judacatum solvi, les exceptions déclinatoires, péremptoires, dilatoires, propitiatoires. Il méprise l'action pétitoire, l'action possessoire, l'action négatoire, l'action confessoire, l'action oblique.

Il méprise les huissiers, leurs exploits, requêtes, citations, assignations, sommations, significations, commandements, saisies.

Mais que faire ? Devenir médecin, comme son grand-père paternel ? L'un de ces charlatans, juste capables de bafouiller en mauvais Latin sur des maladies dont ils ignorent tout ? Chaque jour des animaux naissent le mieux du monde, chaque jour des femmes « assistées » par ces assassins bardés de diplômes meurent des suites de leurs couches parce que les médecins et les barbiers-chirurgiens ne se lavent pas les mains, alors que les propriétés antiseptiques du savon sont connues depuis les Celtes !

Sa nourrice les a bien jugés.

– Il faut une peau d'âne entière pour fabriquer le parchemin de leurs diplômes. Les oreilles sont pour leur bonnet.

Lui sait qu'il ne sait rien. Ses maîtres s'émerveillent, font grand bruit de son savoir, le qualifient de savant, affirment qu'il possède l'essentiel des connaissances humaines. C'est donc ça, être savant ? C'est connaître, citer, disserter, disputer de textes anciens, obscurcis par le temps, les traductions, les interprétations ? C'est tenir des discours pompeux, vains, décoratifs, pendant que la plus grande part du genre humain, accablée du fardeau de la vie, s'épuise au travail et meurt sans être assistée par ces charlatans ? Après des années d'études auprès des meilleurs maîtres d'Europe, il n'a appris que l'étendue de son ignorance. Mais la fortune, le destin, lui a fait un don irremplaçable, l'intelligence.

Tout est affaire de volonté et de courage. Il n'est jamais monté à cheval ? Il n'a jamais tenu une rapière ? Il va apprendre auprès du meilleur maître d'armes. Quant à son corps, il va l'endurcir, le briser pour mieux l'assouplir.

Dès son arrivée dans la maison paternelle, à Rennes, René Descartes prend des cours d'équitation. Il monte des heures et des heures à toutes les allures, tombe, remonte jusqu'à la maîtrise complète du grand galop, de la haute école.

L'après-midi, à peine reposé, les muscles encore crispés de fatigue, il passe à l'escrime.

Chaque maître d'armes enseigne, outre les feintes classiques, les bottes secrètes qui font la réputation de son académie. Le fond de cet apprentissage empirique est à base d'affrontement en force, lent corps à corps où le plus robuste, le plus grand, le plus résistant empoigne la lame de son adversaire avec son épais gant de cuir et le perce d'un coup de pointe. Rien de tout cela ne lui convient. Le maître ferrailleur décèle chez son nouvel élève une qualité très rare, la volonté de vaincre doublée d'un parfait sang-froid. Son énergie passe dans ses estocades sans déperdition émotionnelle. De cette force projetée dans le geste naît le mouvement pur, net, abouti, précis, meurtrier. Inlassable, il travaille la position des mains de la prime à l'octave, les assauts, les retraits. Il se délie le poignet, muscle bras et jambes, travaille sa mobilité, la maîtrise de l'espace, des temps et des contre-temps. Six mois d'entraînement intensif lui suffisent pour mettre au point un style totalement nouveau et par sa vitesse d'exécution il devient imbattable.

Tout près de la salle d'armes, un libraire tient boutique. Le bruit de sa réputation grandissante a tôt fait de lui parvenir. À sa demande, assortie d'une poignée d'écus, le jeune bretteur rédige un opuscule, *l'Art d'Escrime, Traité sur la Manière de Faire les Armes*. C'est le premier livre, anonyme, de René Descartes.

« L'auteur, écrit-il dans la préface, appuie ses leçons sur sa propre expérience ». Après des généralités sous-titrées *L'épée et la Manière de s'en Servir*, il divise son cours en deux parties. Dans la première, il traite du mode défensif, comment esquiver l'adversaire, en tirer des avantages en mesure longue et l'amener sûrement en mesure courte. La seconde partie explique le mode offensif et comment, en mesure courte, on peut vaincre infailliblement. Il en fait la démonstration.

C'est alors que son père le rappelle à la réalité. René est sommé d'aller suivre les cours de droit et en conséquence de débarrasser immédiatement la maison familiale de sa présence. Un an plus tard, les 9 et 10 novembre 1616, René Descartes est reçu bachelier puis licencié en droit canon et en droit civil à l'université de Poitiers.

Sa résolution est prise. Il ne sera jamais magistrat. Car maintenant, il sait. Il sait pourquoi son père, ce digne conseiller, est drapé de pourpre lorsqu'il siège au parlement. C'est pour n'être pas taché du sang des misérables qu'il condamne à la torture de la question ordinaire et extraordinaire avant de les faire pendre, parfois même pour un simple « vol domestique ». Une miche de pain dérobée au maître qui les affame suffit pour que les malheureux se balancent au bout d'une corde sur la place publique.

Les parlements, à la fois tribunaux civils, chambres criminelles et cour d'appel, poursuivent aussi les sorciers et sorcières coupables d'enchantements, sortilèges, maléfices et autres crimes abominables de lèse-majesté divine. Ces accusations obscures sont un moyen facile d'éliminer les opposants politiques et les révoltes populaires.

Pour complaire aux dévots de la Contre-réforme catholique afin de renforcer son pouvoir, Henri IV, le bon roi Henri et sa poule au pot du dimanche, a ordonné par lettres patentes au parlement de Bordeaux d'assainir le Labour, au Pays Basque, infesté de légions de sorciers et sorcières. Ces irréductibles restent fidèles à leur tradition initiatique, à ses symboles solaires, au Svastika, présent sur tous les continents, et à leur langue, l'Euskaldun, plus ancienne que le sanscrit. Henri le Grand a chargé le président d'Espagnet et le conseiller de Lancre de mettre fin par l'Inquisition à cette hérésie. Leur grand spectacle judiciaire, avec ses dénonciations publiques collectives, ses milliers de torturés et ses exécutions en masse, jusqu'à quatre cents bûchers le même jour, leur a valu d'être ennoblis.

René Descartes avait treize ans en 1609 lorsque ce génocide fut perpétré. Il en avait parlé au père Dinet. Son préfet d'études ne lui cachait pas la réalité.

– Dans les ordres religieux on lit Montaigne et les humanistes et l'on ne croit plus aux pactes démoniaques. L'Église gallicane, française, a pris la défense des possédés, elle les qualifie non pas de complices mais de victimes du diable que les prêtres traitent par l'exorcisme. Mais des juges, secondés par des théologiens, des moines capucins, des dominicains et parfois même, hélas, par quelques jésuites, passent outre, sur ordre du roi, quand la religion, c'est-à-dire le pouvoir politique, « est menacée. »

Chaque jour des lettres de dénonciation parviennent au Louvre. Le cabinet du chancelier les annote, les classe, les comptabilise. Quand la rumeur publique se répand, enfle, sinistre des régions entières, les parlements sévissent pour rétablir la paix civile. Les juges inférieurs, baillis et sénéchaux, entassent dans les prisons, pêle-mêle, des adorateurs de Satan adeptes de la magie noire, des faux sorciers et sorcières mais vrais escrocs, des rebouteux, des guérisseurs et guérisseuses connaisseurs en remèdes et poisons, des familles de paysans qui célèbrent clandestinement les fêtes immémoriales aux solstices et aux équinoxes, les fameux « sabbats ». Les victimes de ragots, de vengeances, de jalousies, de la cupidité, un quart des biens du condamné revient au délateur, les rejoignent en prison.

Dès le premier interrogatoire ces personnes perdues de réputation prennent leur revanche en dénonçant leurs accusateurs. Les jours de foire ou de marché ils subissent l'épreuve de l'eau.

Comme les écoliers en droit l'université de Poitiers, Descartes a suivi l'une de ces procédures. Ce jour-là des habitants de la région et d'autres venus de fort loin investissent auberges et cabarets. Dans l'attente de l'événement chacun vaque à ses affaires au milieu des montreurs d'ours, de singes et autres animaux étranges, des jongleurs, acrobates, musiciens et comédiens ambulants. Des colporteurs vendent des traités de démonolâtrie dont le célèbre *Discours Exécrable des Sorciers et leurs Procès, faits depuis deux ans en divers endroits de la France, avec une instruction pour un jugement en fait de sorcellerie*, écrit par le Grand Juge au comté de Bourgogne et sadique assassin par le bûcher de deux mille « sorcières », Henri Boguet, dont les éditions revues et corrigées de nouveau se succèdent. Les lecteurs en sont friands.

Soudain la foule se porte en masse sur le pont et les rives. Les sorciers et sorcières arrivent !

Une longue file d'hommes et de femmes encadrée de gens d'armes est alignée sur le quai. Un à un, le bourreau les entrave, les charge de chaînes et les précipite dans la rivière. C'est l'épreuve de l'eau. Si les suspects surnagent ça ne peut être qu'avec l'aide du démon, s'ils se noient ils meurent en bons chrétiens. Les plus forts, poussés par l'instinct de survie, se débattent pour rester en surface. D'autres se maintiennent au fond jusqu'à la suffocation pour prouver leur innocence. Les femmes, les vieux, les invalides et autres bouches à nourrir inutiles dont leurs familles se sont commodément débarrassées, choqués par l'eau froide et entraînés par le poids des chaînes, coulent à pic. Ils n'en sont pas moins coupables. Le juge inquisitorial harangue la foule.

– Ne vous laissez pas tromper ! Par ruse, le diable leur a retiré sa protection. Mais il ne peut m'abuser, moi, docteur ès malignités !

D'un geste il les fait repêcher par les aides du bourreau et les déclare sorciers-jurés. L'instruction est terminée. La foule, ébahie, se retire lentement en commentant ces merveilles infernales. L'enquête se poursuivra au secret dans la chambre de torture.

Le soir, à l'auberge, Descartes et les autres écoliers en droit ont retrouvé le greffier du tribunal extraordinaire, aviné, esseulé et plaintif. Dans les petites villes il n'y a guère de distractions, la réputation de sa charge lui interdit de courir la catin et personne n'ose lui parler ou jouer aux dés avec lui car s'il perd il pourrait accuser ses partenaires de pactiser avec le diable pour gagner au jeu. Quelle aubaine de rencontrer de futurs juges ! Il devient bavard.

— Une fois de plus, la procédure a révélé qu'en faits de sorcellerie, les principaux coupables sont des femmes. Comme dit monsieur le juge, par curiosité et faiblesse naturelles à leur sexe elles succombent plus aisément aux œuvres du démon.

— Mais il faut des preuves, ou des aveux, dit un étudiants.

Le greffier le regarde, sincèrement étonné.

— Des preuves ? Mais nous en avons, et les aveux, nous les obtenons. Mises nues par le bourreau et ses aides, entièrement rasées par un barbier-chirurgien, elles sont examinées par un médecin en notre présence. Le juge insiste pour qu'on visite particulièrement les cavités naturelles, cachettes favorites du diable.

Il leur lance un clin d'œil égrillard.

— Ça dure jusqu'à la découverte d'une cicatrice, d'un grain de beauté, d'une tache de forme bizarre, la marque du démon. Reste à trouver la preuve de leur alliance avec le diable, la partie insensible de leur corps. On leur bande les yeux et avec une longue aiguille, le médecin pique les sorcières au hasard. Souvent, l'aiguille se tord ou se perd dans les muscles, à cause de leurs sursauts, elles font semblant de souffrir ! Mais l'endroit indolore apparaît toujours lorsqu'elles n'ont plus la force de simuler la douleur.

Sur un signe des écoliers, l'aubergiste remplit les pichets. Le greffier vide le sien puis reprend.

– Pour les aveux, c'est la routine. Elles cèdent dès que, suspendues à une poutre par les poignets, on les fouette au sang. Parfois il faut aller jusqu'au chevalet, qui disloque les articulations, ou aux brodequins, qui broient les jambes entre deux planches. Mais de toute façon, les coupables avouent toujours. Le bourreau les tourmente, le juge pose les questions. Moi je rédige les procès-verbaux.

Les écoliers connaissent bien ces pièces, entrecoupées de jugements, d'extraits de la Bible, de citations de saint Thomas, des *Confessions* de saint Augustin. Elles constituent l'essentiel des traités de démonolâtrie qui, sous prétexte de décrire des sabbats, fourmillent de récits pornographiques. Leur succès est considérable, car leurs auteurs, des juges, se gardent bien de les écrire en latin. Cependant en matière d'érotisme le démon ne semble pas faire preuve d'une imagination diabolique, tous ces récits se ressemblent.

Le greffier, soûl, devient bavard.

– Ce qu'il faut leur faire avouer, c'est l'acte immonde, la sodomie, la copulation du diable. C'est comme ça qu'il possède ses créatures. Depuis le temps qu'on enquête, on sait très bien ce qui se passe dans les sabbats. Le juge leur dit les phrases, elles n'ont plus qu'à répéter. « Après le rituel du baiser infâme sur les parties honteuses, j'ai été connue charnellement par le démon et ses serviteurs terrestres, par-devant et par-derrière ». À force de les écrire je les connais par cœur. Pis encore, il y a l'abomination suprême. « J'ai vu des prêtres maudits commettre ce crime contre-nature sur des nonnes, dans les églises, sur les autels. » Ça, ce sont les messes noires, avec des hosties profanées. Elles y assistent toutes. Après, il leur demande des détails. Quand elles ne disent pas la même chose que les autres, c'est qu'elles mentent. Seulement, des fois, elles ne veulent rien dire ! Le bourreau leur enfonce les mains dans l'entaille en V d'un billot, les coince avec un coin en bois et tape dessus à coups de maillet. Ça leur délie la langue. Au bout du compte, elles finissent toutes par dire la vérité... Je l'ai entendu des centaines de fois, dans ma carrière. Preuve que c'est vrai ! Mais certaines exagèrent, pour faire plaisir au juge.

Heureusement, la justice passe. Les sorcières-jurées sont condamnées à être étranglées après avoir senti la chaleur des flammes. Elles sont brûlées et leurs cendres, dispersées. Les prêtres renégats, les nonnes qui dressent des chiens à leur faire des mignardises, sont comme tous les coupables de sacrilèges et de profanations, brûlés vifs à petit feu, un feu de paille sèche qui flambe sans fumer pour ne pas les asphyxier...

Pourtant si les juges sont sans pitié, le bourreau est souvent plus charitable, sous couvert d'activer la flamme il leur éclate le crâne d'un coup de croc pour abréger leur supplice. Sous l'influence des humanistes et des aristocrates libertins, le parlement de Paris ose s'opposer aux juges et casse des condamnations, et en province bien des conseillers parlementaires répugnent à pratiquer cette justice sans honneur ni profits car la plupart des accusés ne peuvent payer ni les frais de procédure ni leur séjour en prison et ils ne possèdent rien qui puisse être confisqué au profit des juges qui ont acheté très cher leur charge.

L'écolier en droit René Descartes a lu les attendus, les réquisitoires, les sentences. Comme Boguet, le tortionnaire de la Bourgogne, les juges dissimulent sous le voile de la légalité les crimes du pouvoir clérical et royal et condamnent les possédées « afin d'admonester et d'inciter les Français à prier et invoquer plus dévotement Dieu pour apaiser sa colère qui permet, en punition de nos énormes péchés, que durent de telles impiétés et méchancetés des sorciers et sorcières ».

Fuir. Fuir l'horreur. Fuir le droit canon, le droit civil, la justice, une charge, la carrière, la robe, l'infamie. S'enfuir, vite, se dépouiller de la défroque de l'écolier, des oripeaux du philosophe et disparaître, se fondre dans la multitude anonyme !

René Brochard, grand-père maternel de Pierre et René Descartes, tenait des restes d'un petit fief, la terre du Perron, le modeste mais authentique titre nobiliaire attaché à cette seigneurie. Depuis la mort de sa mère, il revient à René.

Il quitte la Bretagne et la chicane. Vêtu d'un habit vert de voyage, chaussé de hautes bottes de cheval évasées au-dessus du genou, une solide rapière de combat au côté, coiffé d'un chapeau à large bord surmonté de l'indispensable plumet, signe et parure de la noblesse, et dans sa bourse quelques pièces restantes de la vente au libraire de son traité d'escrime, le seigneur du Perron chevauche vers la capitale.

Chapitre 2

LE BEAU TÉNÉBREUX

Le seigneur du Perron entre dans la capitale par la route des Vaux Girard. Il longe la riche abbaye fortifiée de Saint-Germain-des-Prés, entourée de pâtures, de champs, de carrières où l'on extrait les pierres à bâtir du banc de calcaire.

Paris, enclos dans seize kilomètres de remparts hauts de douze mètres, larges de deux mètres, bordés de fossés profonds, flanqués d'une tour de guet tous les quarante mètres, percés de douze portes fermées et gardées la nuit par la milice bourgeoise prête à barrer la Seine avec des chaînes ancrées sur chaque rive en cas d'attaque fluviale, Paris, pourvu de la Bastille au Temple de fortifications modernes enterrées, renforcées de bastions, Paris, ceinturé d'églises, de couvents, d'abbayes, serré dans sa vieille enceinte et sa nouvelle défense garantes de sa sécurité, enfle et s'étouffe.

La première ville d'Europe, avec ses trois cent mille habitants, s'étend hors les murs par les faubourgs Saint-Jacques, Saint-Denis, Saint Martin, Saint-Antoine.

Le cavalier en habit vert prend la rue du Bac et après avoir passé la Seine et longé le Louvre, résidence ordinaire des Rois Très Chrétiens, se dirige vers Notre-Dame. Le voilà au cœur de la cité. Il se promène, à pied, dans les ruelles puantes bordées de maisons à colombages, assombries par les façades en saillie, rétrécies par des échoppes, des appentis, des étalages, des dépôts de matériaux, de planches, au gré des chantiers. Quelle activité, que de bruits, de cris, quelle foule ! Jamais il n'a vu un tel nombre de boutiques, si bien fournies en marchandises des plus diverses.

Une plainte étrange retentit dans la rue voisine. Il s'y précipite. Un crieur public ameute les habitants à son de trompe et rappelle au bon peuple de Paris qu'un édit publié sous le feu roi Henri le Grand par le principal ministre Sully interdit « d'encombrer les rues, d'arracher les pavés pour achever une construction, ainsi que de jeter sur la voie publique le contenu des pots de chambre, ni aucunes ordures, immondices, pailles, gravoix, terreaux, fumiers ». Il oblige aussi les propriétaires et locataires « à faire balayer deux fois par jour et amonceler les balayures près de la muraille de leur maison, pour être emportées hors de la ville par les conducteurs de tombereaux ». Pourtant les détritus s'accumulent.

Dans ces voies étroites, impraticables aux carrosses, les gens de qualité se transportent en chaise à porteurs ou dans une caisse à deux roues tirée par un laquais. L'odeur fétide des déchets organiques les indispose. Les dames portent à leur visage des mouchoirs imprégnés d'eau de senteur, les gentilshommes hument la réserve de parfum dissimulée dans le pommeau de leur canne.

René Descartes partage la distraction favorite des Parisiens, les regarde passer.

– Ces délicates personnes sont incommodées, dit un bourgeois caustique. Elles préfèrent habiter les quartiers neufs bâtis par les financiers d'Henri IV, faubourg Saint-Germain ou place Dauphine, et surtout le Nouveau Marais et la place Royale, chef-d'œuvre du Béarnais !

Le cavalier en habit vert repasse sur la rive gauche par le Pont-Neuf, terminé depuis peu, et pousse jusqu'à la Montagne, non loin de l'abbaye Sainte-Geneviève et de l'église Saint-Étienne-du-Mont, en cours d'achèvement.

Le voici en pays de connaissance. Dans les rues, les tavernes, les échoppes, il n'entend parler que l'argot international des pédants, le Latin.

Les habitants de ce « quartier latin » ont coutume de louer des chambres aux étrangers, car des écoliers venus de toute l'Europe fréquentent la

Sorbonne et le Collège Royal fondé par François Ier, le futur Collège de France. Le jeune homme trouve facilement un logis à portée de sa bourse, à condition de payer d'avance. La vente des droits de son traité d'escrime lui a permis de s'équiper en cavalier. Il vend son cheval et règle son hôte.

Que faire lorsque, nouvel arrivé dans la capitale, on veut lier connaissance ? Fréquenter les mauvais lieux ! Dans chaque cabaret règne une bande de fils de famille censés suivre les cours des éminents docteurs de la Sorbonne. Unis par le dégoût de la scolastique et l'amour du vin, de préférence le cru fameux des coteaux de Poissy, sur les rives de la Seine, boisson ordinaire de la cour, ou en période de disette monétaire la piquette des collines de Montmartre, les disciples de Rabelais font découvrir à l'austère provincial les joies de la dive bouteille.

Les écoliers, habitués des lieux, vont remplir eux-mêmes leurs pichets d'étain aux tonneaux alignés dans le fond de la salle sous l'œil attentif du tavernier qui tient les comptes. Leur jeu favori consiste à détourner son attention pour que l'un d'eux, prévenu par un mot de passe en latin, aille se servir gratis. Bientôt le cavalier excelle en cet art. Le voilà admis, il ne tarde pas à participer aux bagarres entre bandes d'écoliers rivales.

Mais bientôt il fait cesser les hostilités et harangue les combattants.

– Ces querelles stupides ne profitent à personne. Unis, nous serons invincibles !

Quelques jours plus tard, le prévôt de Paris est submergé de rapports et de plaintes. Bourgeois du guet et sergents d'armes sont unanimes.

– Depuis peu deux ou trois bandes de turbulents qui n'ont d'écoliers que le nom se réunissent, inquiètent les passants, écument les marchés, renversent les étals en provoquant de fausses querelles, volent les marchandises tombées à terre, rossent les bourgeois du guet alertés par le tumulte et font encore mille autres tours pendables !

Les témoins sont formels.

– Ils sont menés par un cavalier vêtu de vert, si adroit au maniement de l'épée qu'on ne peut le saisir !

Le seigneur du Perron a profité des leçons de tactique collective données par les petits paysans chapardeurs ! Mais il y a pire.

L'Université est un repaire d'étalons vigoureux. Les bonnes commères et les servantes viennent y puiser pour elles comme pour leur maîtresse. Le cavalier, souvent convié à ces rendez-vous galants, y prend un plaisir extrême. Quelle joie de tromper les barbons, ces vieillards de cinquante ans remariés à des tendrons de seize printemps après la mort en couches de leur femme ! Habituellement cela se termine en cavalcades nocturnes pour la réjouissance des voisins.

Passent successivement en courant un ou deux écoliers à demi dévêtus puis quelques laquais brandissant une trique, voire une pertuisane, suivis d'un mari outragé et vociférant, en chemise et bonnet de nuit, la canne à la main.

Mais le cavalier en habit vert ne fuit pas. À lui seul il peut tenir en respect plusieurs valets et désarmer d'un coup d'épée un cornu vindicatif. Las, dans le feu de l'action il lui arrive de percer légèrement dans le gras d'un coup de pointe. Le plus souvent il reconduit jusqu'à sa porte son hôte involontaire gesticulant et hurlant à l'assassin à grands coups de plat de lame dans le bas du dos. Cocu et battu, c'est trop pour un seul homme ! Les doléances s'accumulent au cabinet du prévôt de Paris, mais réprimer les débordements des écoliers c'est risquer de provoquer des émeutes, d'autant que l'Université tient à sa franchise. Ses murs sont un abri inviolable même par la police royale.

De beuverie en ripaille, l'argent fond. Heureusement le sieur du Perron, surnommé par les écoliers de Paris « le chevalier de la Bourse Plate », expression populaire pour se moquer des cadets de famille sans le sou, découvre le jeu.

Il a commencé par des parties modestes entre bons compagnons, qui ont tôt fait de déceler ses qualités. Outre le don des mathématiques, la capacité de mémoriser toutes les combinaisons et un pouvoir de concentration hors du commun acquis dans la solitude, il sait boire et supporte le vin, tandis que les dupes s'enivrent. Et surtout, condition essentielle, il n'aime pas le jeu, il joue pour le gain. Ses partenaires l'intègrent à leur bande, il apprend à gérer les parties, à ménager les effets, les surprises, à créer l'émotion par des rebondissements, à feindre la fausse rivalité entre complices, à perdre maladroitement pour appâter les naïfs. Bref, « à plumer la volaille ».

Désormais le seigneur du Perron dispose d'un moyen d'existence. La nuit il joue dans les bordels, les auberges, les tavernes où s'ennuient les voyageurs esseulés. Le jour, René Descartes va renouer avec la science.

Marin Mersenne, son aîné d'une dizaine d'années, ordonné prêtre puis admis dans l'Ordre des Minimes, est professeur au collège de Poitiers où il a connu l'écolier en droit dont la réputation de mathématicien est bruyamment répandue par les jésuites.

Quand le père Mersenne se rend à Paris il loge au couvent des Minimes, près de la place Royale. Un soir il a la bonne fortune de rencontrer le cavalier en habit vert et l'emmène en visite chez Claude Mydorge, réputé à vingt-huit ans comme le successeur de François Viète, « le meilleur mathématicien de France ».

Ils se découvrent bien des points communs. Le conseiller au Châtelet Mydorge, fils d'un magistrat parisien et neveu du Président au Mortier Lamoignon, a épousé une jeune femme née dame de La Haye, le bourg natal de Descartes. À vingt-sept ans, majeur depuis deux ans, il a refusé la charge au parlement que lui offrait son père afin de se consacrer aux mathématiques.

Le cavalier approuve et partage son intransigeance. Dans l'euphorie d'une rencontre si heureuse ils décident de se revoir régulièrement.

Avant de se rendre chez son nouvel ami, dans le Marais, Descartes se promène dans son quartier préféré, les Halles. Sous les pavillons de bois les négociants vendent en gros et au détail toute la nourriture, viandes, poissons, grains, et toutes les marchandises, tissus, laines et cuirs qui entrent dans Paris. Commerçants et particuliers se bousculent dans la confusion la plus totale devant les étals. Quel bonheur de marcher sans but, oisif et heureux, parmi cette foule active ! Mais parfois, l'odeur de mort tenace qui imprègne le quartier devient irrespirable, car le grand marché parisien côtoie le cimetière des Saints-Innocents. Dans les fosses communes ouvertes en permanence pour se faciliter le travail les fossoyeurs jettent à toute heure du jour des corps qu'ils recouvrent de quelques pelletées de terre. Selon eux « cette terre vorace mange un cadavre en neuf jours ». Il n'empêche qu'après certains arrivages, surtout en période d'épidémie, des relents putrides empoisonnent l'air des Halles. Dans la chapelle du cimetière décorée d'une fresque murale, *la Danse Macabre*, Descartes contemple le cortège des défunts, riches et pauvres, clercs et laïques, heureux et malheureux, main dans la main, se précipitent sous terre, et la Mort mène le bal.

Cette image de la précarité de toute chose lui rappelle que ce monde sans amour est absurde. Il doit d'abord l'observer en spectateur pour le comprendre avant d'agir.

Il aime flâner dans les rues commerçantes qui regroupent de vingt à trente marchands d'une même corporation. Il se rend souvent rue de la Cossonnerie pour admirer des centaines d'oiseaux en cage en passant par la rue de la Chausseterie, la rue de la Lingerie et la rue de la Savonnerie. Rue de la Friponnerie, les fripiers tentent de le racoler et lui proposent d'échanger moyennant quelques pièces son pourpoint hors d'usage contre celui « presque neuf et à la dernière mode d'un Grand », un prince de la Cour. Il poursuit son chemin en souriant. Un regrattier tenace le poursuit, lui montre des hauts-de-chausses.

– Admirez cette soie ! C'est un valet qui me l'a vendu. Son maître lui a donné après l'avoir porté deux fois !

Ce boutiquier est si célèbre que les parisiens ont coutume de se rencontrer « rue le regrattier ». Certes, le cavalier en habit vert doit renouveler sa garde-robe. Mais certainement pas avec les fripes d'un courtisan !

Le seigneur du Perron bénéficie d'un nom fameux. Son homonyme, le cardinal du Perron, célèbre faiseur de vers, défraie la chronique mondaine par sa vie dissolue tant il surpasse les autres princes de l'Église en faits scandaleux. Il est vrai que ce cardinal a commencé très jeune.

Son père, juif converti au calvinisme, était ministre, « serviteur », de la parole de Dieu. Malgré ce double péché originel, juif et hérétique, son fils, sur le conseil de son ami l'abbé de Cour de Tiron, un poète ébloui par son esprit, est passé à la religion romaine pour faire carrière. Il a reçu les ordres mineurs, changé son nom, David, en d'Avit, puis, menacé d'un procès par cette ancienne et noble famille de dévots, pour Davy du Perron.

Fort en gueule et grand buveur, il s'est pris d'une querelle d'ivrognes avec un pilier de cabaret. Pendant que ses quatre compagnons d'orgie maîtrisaient le pochard, du Perron a pris un couteau sur la table et l'a poignardé à mort. Le guet l'a emprisonné. Un autre ami célèbre, le poète des Portes, a rencontré les parents du défunt, de pauvres hères, et pour deux mille écus ils ont renoncé à porter plainte et juré qu'il s'agissait d'un accident.

Ses dons d'orateur et ses vers ont mis le jeune du Perron bien en cour auprès de Henri III, qu'il amusait beaucoup. Hélas, cet esprit fort, après avoir prouvé l'existence de Dieu dans un prêche prononcé devant le roi, a proposé par jeu de démontrer le contraire par le même discours inversé. Henri s'est fâché et l'a disgracié. Pendant des jours l'intriguant a couru derrière le carrosse royal en criant « Sire, ayez pitié du pauvre du Perron ! » Ses amis de cour l'ont appuyé et pour s'en débarrasser le roi l'a fait évêque d'Évreux.

Fin politique, du Perron a misé sur le futur Henri IV, lui a conseillé de se convertir, l'a instruit en la religion catholique. Le Vert-Galant l'a nommé archevêque de Sens puis cardinal, au déplaisir du pape « fort mécontent de coiffer un hérétique », disait-il. De Rome du Perron a rapporté le chapeau rouge et la vérole auprès des prostituées. À Paris il poursuit ses débauches dans les bordels.

Mais le bruit de ces turpitudes ne franchit pas le petit cercle des gens de Cour et même dans ce milieu averti cela ne nuit en rien à son pouvoir. Ce nom est un moyen d'accès à la bonne société et le sieur du Perron compte bien s'en servir, car malgré son intelligence exceptionnelle il est prisonnier des mœurs de son temps.

Les porteurs d'épée, vaniteux et susceptibles, prêts à en découdre au moindre manque de respect, à la plus petite raillerie, peuvent tout se permettre. Comme d'Artagnan et Cyrano de Bergerac, autres bretteurs célèbres, et des cadets de famille, le cavalier en habit vert réputé premier escrimeur de son temps doit vivre en franc buveur, coureur de filles et joueur, mode de vie ordinaire des personnes de qualité que madame de Rambouillet et ses Précieuses s'efforcent de policer pour en faire des beaux esprits.

Quant aux bourgeois, même richissimes, ils s'exposent à être bastonnés par des laquais pour peu qu'un gentilhomme les juge insolents. Ils font tout pour qu'un cavalier daigne les honorer de son amitié.

Dans les salons, les salles de jeu, lorsque le seigneur du Perron est annoncé l'hôte ne manque pas de l'interroger sur son degré de parenté avec le cardinal. Il répond évasivement, comme s'il était gêné d'avoir un oncle aussi compromettant. On s'empresse de l'accueillir. Avoir dans ses relations un neveu, voire un fils naturel d'un prince de l'Église bien en cour est une aubaine rare, à cultiver avec soin ! Il est admis dans le beau monde.

On s'y préoccupe fort de politique. En ce début d'année 1617, il est de bon ton de grogner contre les Florentins, Concini, l'amant de la reine-mère, et surtout sa femme, la Galigaï. On dit que la démoniaque créature cache dans son appartement du Louvre des mages et astrologues juifs chargés d'ensorceler la régente. Le couple maudit accumule des fortunes en or et en bijoux. Leurs complices, le surintendant Barbin, le chancelier

Mangot et l'évêque de Luçon, Armand Jean du Plessis, futur duc de Richelieu, autre amant de la Médicis, pillent le trésor royal.

Dans les provinces la noblesse protestante, les Grands et les princes du Sang, la famille royale, menés par la duchesse de Rohan, entrent en dissidence. Des populations se soulèvent. Le « Prince sanglant », Condé, dirige la répression, d'épouvantables massacres, en bourreau servile. Le roi, père et recours des Français, le jeune roi sans pouvoir est prisonnier au Louvre.

Le Paris populaire s'exaspère, au bord de la révolte. Le Paris des bourgeois enrichis fait la fête.

Pour célébrer son récent mariage l'un de ces hommes d'affaires qu'on appelle depuis peu financiers donne un bal. Il ne manque pas d'inviter le sieur du Perron, neveu du cardinal. Dès que ce haut personnage est annoncé, le marié plante là ses invités pour lui faire les honneurs de son hôtel particulier.

– Le salon est tendu d'une tapisserie des plus exquises, note le galant cavalier.

– C'est depuis peu la décoration à la mode au Louvre, fort coûteuse, tout comme les chandeliers de cristal, une nouveauté venue de Venise qui redoublent l'éclat des flambeaux, précise le maître des lieux, très nouveau riche.

Dans la grande salle, sur une petite scène de théâtre, douze violons, « des meilleurs à Paris », lui chuchote l'hôte, jouent les airs en vogue à la cour. Et puis il tient à montrer au cavalier que chez lui, on imite les usages des bals royaux.

— Les dames, nées (nobles), assises au premier rang, en demi-cercle autour de l'espace à danser, sont entourées des demoiselles, de bonne bourgeoisie, toutes mariées, dont la beauté et la fraîcheur égales celles des jeunes filles. Derrière elles les femmes plus âgées, loin de penser être au rebut, prétendent encore par leurs toilettes et leurs poses à la bonne fortune, lui dit l'hôte. Prenez place, chevalier !

Il est d'usage que les plus galants refusent les chaises, même « s'ils sont de condition », étendent leur manteau sur le parquet et se couchent aux pieds des belles. Elles invitent qui leur plaît à danser. Le sieur du Perron, lui, se mêle à la foule des jeunes filles, debout derrière les sièges.

Le bruit et la confusion grandissent avec l'arrivée d'intrus. Des cadets de familles nobles !

— Ils vont partout sans être invités, pour le seul plaisir de troubler la tranquillité et la joie des fêtes, murmure une jeune fille, fort inquiète.

De fait, ils bousculent le monde, s'installent, parlent haut, sans se soucier d'être importun. Elle s'indigne.

— Se figurent-ils que tous les invités sont au-dessous d'eux ? Que ce n'est qu'une assemblée de bourgeois ?

Son galant, un cavalier vêtu de vert, porte l'épée. Elle espère qu'il va réagir. Il lui adresse un sourire protecteur.

Les fâcheux rivalisent de grossièreté. Ils raillent la maladresse des danseurs, à voix haute, sans épargner les femmes, qui n'osent plus entrer dans la danse, par peur du ridicule. Des demoiselles invitent les trublions pour les calmer, ils suivent en grimaçant, mais certains refusent net. Quelle insulte ! L'un de ces grossiers personnages dit à la très belle femme d'un magistrat.

– Je pense, ma bonne demoiselle, que vous ne savez pas qui je suis. Je ne danse qu'à la cour ! Me prenez-vous pour quelque secrétaire ou auditeur au parlement ? Voyez mes plumes...

Il montre son chapeau caché sous son manteau. Il s'était découvert pour exhiber sa belle chevelure. Quel fat ! La demoiselle regarde le plumet, parure exclusive de la noblesse, et sa réplique fuse, cinglante.

– Il est vrai, monsieur, qu'à la plume on reconnaît l'oiseau.

Le freluquet, interloqué de cette répartie, jette des regards furieux autour de lui. Tous les invités baissent les yeux, de peur d'être victime de sa colère.

– On ne va tout de même pas fermer le bal à cause de ces gens d'épée, soupire la jeune fille.

Le sieur du Perron s'avance vers la piste.

Un mouvement de foule le porte contre le rustre, vexé d'avoir été mouché par une demoiselle. Furieux d'être bousculé, il s'écrie.

– Je te donnerai cent coups d'éperon, bourgeois, si tu ne t'arrêtes !

Il se retourne, s'apprête à gifler. Le cavalier en habit vert recule de trois pas et sort à demi son épée du fourreau.

– Je suis aussi bon gentilhomme que vous.

La foule s'écarte. Les danseurs se figent. Les violons se taisent. Le jeune étourdi blêmit. Il ne s'attendait pas à tomber sur un bretteur ! Il reste planté là, n'osant risquer un geste. Dans ce silence soudain, plus menaçant encore d'avoir succédé au vacarme, l'attente paraît interminable. L'insolent a perdu la face.

Le sieur du Perron rengaine et sort.

L'assemblée se ranime lentement, les conversations reprennent, d'abord chuchotées, puis à voix haute, quelques rires féminins fusent. Le fanfaron surprend des regards moqueurs. Humilié, honteux de ce moment de lâcheté, il se précipite, dans la nuit, à la recherche du cavalier. Il le rattrape dans une ruelle, l'interpelle, l'assaille à un carrefour éclairé d'une lampe à huile.

Dès la première reprise, sur un coup droit porté par son adversaire, du Perron esquive par effacement du corps, riposte en coup fourré et le blesse d'une estafilade au bras. Le combat doit cesser au premier sang, l'honneur est sauf. Mais l'assaillant, hargneux, persiste, se fend sans cesse, alterne coups bas et pointes au corps. En vain. Énervé par cet escrimeur intouchable qui multiplie les parades, les arrêts en ligne haute, les esquives par retrait du corps, il se déconcentre. Sur un croisé au flanc mal contrôlé, il se blesse sur l'épée de son adversaire.

Au bal, l'incident passé, la fête continue. L'un de ses amis s'avise de son absence prolongée et part à sa recherche. Il l'aperçoit dans la nuit, assis sur une borne. Ils reviennent péniblement au bal et font soigner sa blessure.

Les danseurs n'en sont guère émus, tant à Paris il est commun d'entendre parler de duel, de bataille, de meurtre. Le plus léger incident, un prétexte, un mot heureux ou malheureux suffisent pour provoquer une rencontre. Sur le Pont-Neuf on chansonne le beau monde. Les Parisiens sont friands de ces couplets qui dévoilent les histoires intimes de la Cour car les colporteurs de ragots sont informés et payés par des courtisans pour se venger d'un rival ou d'une maîtresse infidèle. Un jour un chansonnier lance ce refrain :

> Pongibaut se vante
> D'avoir vu la fente
> De la comtesse d'Alais,
> Et dit qu'elle est plus charmante
> Que celle de la Chalais...

Il obtient immédiatement le plus vif succès. Au Louvre, les gardes du roi hurlent la chansonnette en sortant des tavernes. De rage, le comte de Chalais, rompu au métier des armes, « appelle » (en duel) le beau et tendre Pongibaut, réputé pour ses succès amoureux, lui fait mettre l'épée à la main et l'étend raide mort.

Chaque année plus de deux mille bretteurs sont tués ou grièvement blessés en duel car il est d'usage que les porteurs d'épée qui surviennent par hasard se joignent à la querelle et se battent en ligne sans même connaître leur adversaire, et souvent une dizaine d'enragés perdent la vie au cours de ces batailles rangées. La place Royale est leur lieu de rencontre favori.

Non loin de là, dans le Marais, le quartier à la mode, le seigneur du Perron a pris repaire. Il y trouve gîte, chez des amis, et couvert, aux tables où l'on joue gros jeu, plus que chez le roi, certaines nuits. Au petit matin les convives rentrent chez eux à pied, à cheval ou en carrosse, entourés de laquais portant chandelles et escortés de quelques gardes du corps armés. D'anciens soldats se louent pour ce service car des milliers de hors-la-loi hantent les rues de la capitale. Les « franc-bourgeois », affranchis des lois religieuses et civiles, ont pris possession du Marais, les bons enfants opèrent dans les Halles et le quartier alentour. Tous ont juré de respecter la loi du silence, inviolable sous peine de mort pour leur famille, s'ils sont pris et torturés par la justice criminelle. Ce serment les lie à vie à leur confrérie, la Grande Truanderie, terreur et cauchemar des rues de Paris.

Le chevalier du Perron a pris ses quartiers dans ce lieu chic et mal famé pour se faire de nouvelles relations mondaines. Il raccompagne des joueurs et surtout des joueuses qui en échange de la protection de son épée n'ont pas la cruauté de lui refuser l'hospitalité de leur alcôve.

Au petit matin, après avoir laissé ses amis ou ses bonnes fortunes en leur hôtel pourvu d'une épaisse porte en chêne placé sous la garde d'un huissier armé, le cavalier regagne son logis par les rues désertes à peine éclairées par des lampes à huile scellées aux carrefours.

C'est l'heure où les bons garçons se disputent les places sur le parvis des églises afin de provoquer la pitié des dévotes dès la première messe. En passant il s'amuse de leur manège. Les convertis jouent aux larrons repentis. Les coquillards, munis d'une coquille Saint-Jacques et d'un bourdon, le bâton de pèlerin, prétendent revenir d'un pèlerinage à Compostelle. En crachant quelques bulles obtenues d'un petit morceau de savon savamment mâché et en se roulant par terre, les sabouleux se font passer pour épileptiques. Les argotiers, spadassins mutilés de guerre, ouvriers blessés au travail ou simulateurs « font la manche ». Ils serrent leur bras droit contre le corps avec un linge, agitent leur manche vide en criant à la charité et épient riches marchands et gros bourgeois pour renseigner discrètement en argot ou en verlan, langue secrète des affranchis, les truands qui cassent les coffres en l'absence de leurs propriétaires.

Descartes connaît bien leur manège et pourtant il ne peut s'empêcher de leur glisser quelques pièces. Mais s'ils se font menaçants ou lorsqu'il rencontre des chevaliers de la lune, ces bandits armés embusqués dans les coins sombres pour dévaliser les passants, il tire l'épée. Quelques assauts les découragent, ils vont chercher des proies plus faciles.

Le cavalier croise aussi de jeunes nobles en goguette à l'affût d'un mauvais coup pour payer une dette de jeu ou pour le plaisir de terroriser le bourgeois. Sa mise modeste attire leurs railleries. Il dégaine. Une rapide reprise à blanc, sans porter l'estocade, leur fait prendre la fuite.

La milice du guet survient après la bataille. Les bourgeois parisiens armés d'arquebuses, de mousquets, de pertuisanes et autres armes personnelles assurent à tour de rôle le service de ces patrouilles brillamment éclairées de flambeaux qui s'avancent pesamment, bruyamment, pour faire fuir les rôdeurs, secourir les blessés et ramasser les morts. Du Temple à la Bastille, tout au long des fortifications, le sieur du Perron est hélé par les célèbres demoiselles du Marais postées dans les fossés de contre-escarpe sous la surveillance de leurs protecteurs, les courtiers de fesse. Autour de la place Royale, les mondaines, qui sont à tout le monde, racolent en carrosses signalés par leurs armoiries, des scènes pornographiques peintes sur les portières. Les plus huppées, vêtues comme des marquises, flanquées d'un valet de pied garde du corps en livrée, déploient à son passage un éventail illustré d'un thème polisson.

Il rencontre quelques servantes, des laquais, des prêtres, des moines en noir, blanc ou gris et des militaires en costumes rouge, jaune et bleu, qui vont prendre leur service à l'Arsenal. En fin de matinée de hauts magistrats montés sur leur mule reviennent du parlement pour dîner chez eux à midi en bourgeois économes. Parfois la monumentale porte cochère d'un hôtel particulier s'ouvre, un carrosse ou un cavalier suivi d'un cortège de gentilshommes en sort à grand fracas pour se rendre au Louvre. Puis le silence retombe.

Loin de la cohue des rues commerçantes le chevalier du Perron s'ennuie, mais pour réussir à Paris mieux vaut habiter une soupente dans un endroit à la mode qu'un appartement confortable dans un quartier que les gens de qualité ne fréquentent pas.

Un jour, pourtant, il entend un appel au secours. Il se penche à la fenêtre. Un valet de pied court en appelant à l'aide. Le cavalier saisit son épée et dévale l'escalier.

A quelques rues de là des franc-bourgeois en maraude ont repéré une proie, un carrosse non escorté. Ils se sont jetés à la tête des chevaux pour les immobiliser. Les laquais, de robustes paysans bretons, ont sauté à terre et affrontent avec leurs canes ferrées les rapières des bandits.

Tandis que le chevalier du Perron se hâte vers les lieux de l'attentat, l'un des truands, pistolet en main, ouvre la portière aux rideaux de cuir tirés et reste pétrifié. Marie, princesse de Rohan, adossée contre l'autre portière, le regarde fixement, ses yeux déjà immenses encore agrandis par la peur. C'est une pure merveille de la nature, dont toute l'Europe célèbre la splendeur.

Passé un moment d'émotion bien légitime, le franc-bourgeois reprend le travail. Une si belle dame sort bijoutée ! Où sont les cailloux ? Il ne les voit ni à son cou ni à ses poignets. La divine, dont le courage et l'esprit égalent la jeune beauté, s'est rapidement dépouillée de ses colliers de perles et les a cachés sous le séant le plus convoité de Paris, le sien. Le bandit l'empoigne. Point trop durement. La princesse se débat, lui glisse des mains, s'allonge sur le siège pour lui échapper, le truand fourrage dans les robes, les jupons soyeux, un sein, puis l'autre jaillissent du décolleté. Comment résister aux insolents jumeaux pointés vers son visage ? Aux auréoles brunes, semblables à des yeux, qui paraissent le défier ? Aux frôlements imperceptibles de cet épiderme lisse comme un miroir, chaud comme un jeune animal ? Le bon garçon, embrasé, la trousse jusqu'à la taille. Les mains crispées sur ses perles, sous son fondement, la Rohan défie son féroce agresseur. Plutôt bel homme. Séduisant, bien découplé. Et gaillard, une bosse déforme roidement son haut-de-chausses au point de le gêner dans ses mouvements. La somptueuse Marie s'alanguit, s'abandonne dans le plus charmant des désordres vestimentaires. La soie glacée de ses dessous met en valeur sa peau plus blanche, plus douce encore. La belle, échauffée, ne fait plus rien pour dissimuler l'entrée du temple de Vénus, manifestement disposé à accueillir un visiteur. N'y tenant plus le franc-bourgeois défait ses chausses, les ôte d'un même mouvement et besogne hardiment la princesse.

Autour du carrosse, ses collègues croisent toujours le fer avec les cannes des laquais. Lorsque du Perron parvient sur les lieux en même temps que les graves bourgeois du guet, il voit s'enfuir trois ou quatre franc-bourgeois hilares, rapière au vent. Le dernier, nu de la taille aux mollets, porte son haut-de-chausses d'une main et de l'autre tient en respect sous la menace de son pistolet les valets en livrée de la princesse de Rohan lancés à leur poursuite.

Le danger passé, les personnes de qualité sortent de leurs hôtels et s'attroupent autour du carrosse. Marie la friponne, ses dessous réajustés, s'empresse de raconter son aventure.

Des Précieuses s'en affolent.

– Votre Altesse a laissé outrager son bijou pour quelques colliers de perles?

Dans leur langage fleuri, il s'agit du sexe de la femme. La sublime éclate de rire.

- Mon bijou, il ne pouvait pas le voler, tandis que mes perles, il les aurait emportées !

Les bourgeois du guet savent que les Rohan possèdent une fortune colossale, bien supérieure à celle du roi de France. Pendant qu'ils font respectueusement observer à son Altesse qu'elle a risquée sa vie pour quelques colliers de perles, René Descartes du Perron, pensif, admire la superbe libertine. Qui n'en serait amoureux ?

Il se souvient de ses années de collège. De son passé proche d'adolescent condamné à vivre sans amour. Hors amour. Sept ans et demi de réclusion, sans une présence féminine, dans un désert affectif, privé de pulsions charnelles, d'émois platoniques, d'élans passionnels et autres envies diaboliques refoulées avec horreur par ses maîtres. Des années après ces privations sensuelles il reste en état de choc. Combien de jeunes esprits ont-ils contaminé de leurs fantasmes malsains, ces bons pères, avec leur terreur de la chair, leur peur, leur haine des femmes, leur adoration délirante de la Mère Vierge ? Combien de jeunes gens ont-ils contraints à entrer dans leur monde imaginaire de tentations démoniaques, de châtiments après la faute, de péchés et d'enfer éternel ? Tant d'écoliers sont sortis mutilés du collège, refoulés ou débauchés pervertis !

Pour survivre dans ce milieu clos, agressif, sans indulgence, sans refuge, dans la hantise de l'humiliation publique, de la punition, du fouet, du cachot, les enfants se regroupent d'instinct en hordes avec leurs chefs et leurs suiveurs, la troupe. Adultes ils retrouvent ce jeu de société et prennent tout naturellement leur place dans la hiérarchie, sans heurt si elle est due par la naissance, en force si elle est illégitime.

René a résisté au mieux dans ce monde sans amour. Ne s'attachant à rien, il s'adapte à tout. Depuis sa petite enfance il a vécu en marginal et s'est doté d'un esprit critique d'une formidable puissance, sans concession ni complaisance. Il est devenu un fauve de la plus dangereuse espèce, un solitaire. Et les femmes aiment que les fauves viennent leur manger dans la main, elles ont l'impression de les apprivoiser.

Dès les premiers beaux jours tout Paris se donne rendez-vous sur les bords de Seine. Par sa capacité à porter de lourdes charges, « cette rivière, aux eaux si claires qu'on en voit le fond, a fait la fortune de Lutèce », notait Jules César dans ses *Commentaires sur la Guerre des Gaules*. Depuis ce temps rien n'a changé. Sur son cours paisible encaissé entre des berges solides de grosses barques à voiles, aisément tirées par des bœufs ou des chevaux de bât lorsque le vent tombe, ravitaillent la capitale. De Rouen, aménagé pour recevoir les navires de haute mer, viennent les marchandises anglaises et néerlandaises, concurrence dont se plaignent amèrement les drapiers et chapeliers français. De la riche campagne d'Ile-de-France, qu'elle traverse, les produits fermiers affluent aux Halles. Dans ses eaux transparentes, libertins et libertines, dames, gentilshommes et hommes d'épée se baignent en l'état d'innocence, nus comme Adam et Ève avant le péché originel. Le spectacle attire moult badauds.

Le seigneur du Perron aime s'y rendre dans l'après-midi, au fort de la chaleur. Sous prétexte de ménager leur pudeur les dames de qualité se déshabillent derrière un drap tenu par leurs suivantes. Cela ne manque pas de provoquer la curiosité des galants. Au passage du cavalier en habit vert bien des chambrières laissent le vent soulever le léger rempart de tissu ou l'entrouvrent par mégarde. Il longe la grève, laissant un sillage de petits rires, de conciliabules, de complots entre servantes et maîtresses. Son emplacement choisi, il quitte ses vêtements, s'avance vers l'eau, y entre lentement sous le regard intéressé des jolies baigneuses. Son corps est musclé par l'exercice. Chaque jour il tire les armes en salle. Il se sent bien, il a la beauté de la jeunesse. Son visage a gagné en rondeur, son teint en couleurs, sa silhouette en équilibre. Ses traits anguleux, tendus, se sont adoucis, estompés. Ses lèvres dessinent en permanence un demi-sourire moqueur et charmeur, mais le regard intériorisé, immensément sensible, n'a pas perdu son intensité. Les yeux noirs ravagent les cœurs. Ces dames et demoiselles l'appellent le Beau Ténébreux, surnom du personnage principal de *l'Amadis de Gaule*, un roman de chevalerie dont elles raffolent. Il ne tarde pas à faire ruelle.

Les personnes de qualité reçoivent dans leur chambre. Un laquais meuble de sièges l'espace libre entre le lit et le mur, la ruelle, en fonction du nombre de visiteurs. De la ruelle à l'alcôve il n'y a qu'un pas que le cavalier franchit dans la foulée. Il a enfin ses entrées dans les hauts lieux d'un phénomène impalpable, inexplicable, l'air de Paris.

Ce monde raffiné est gouverné par une femme, Marie Bruneau, Dame des Loges. Chez elle on dispute librement de tous les sujets. Une seule chose n'est pas tolérée, l'intolérance. Pour des jeunes gens à peine sortis de la férule de leurs maîtres et de la tutelle de leurs parents il n'est pas de meilleure école d'émancipation. Ils en gardent un souvenir ébloui. « Que je finisse après vous avoir demandé des nouvelles d'une femme à qui j'ai de très grandes obligations, d'une femme qui vaut tous nos livres, et dont la conversation peut nous rendre honnête homme (instruit de tout) sans l'aide des Grecs et des Romains. Quelque vieux courtisan que vous soyez, vous n'entendez pas le français si vous n'entendez pas par-là madame des Loges, écrit Guez de Balzac, « premier épistolier de France », à l'illustre grammairien Vaugelas.

C'est chaperonné par une dame de qualité que le seigneur du Perron fait une entrée remarquée dans le célèbre salon. Il y a là des savants, des écrivains, des artistes, des cadets de France venus de province, avides de plaisirs parisiens, et des femmes. Belles, cultivées, spirituelles, séductrices, libertines. Il n'est pas d'êtres plus délicieux au monde que les Précieuses.

Le chevalier du Perron contemple ces merveilles. Ce milieu extrêmement sophistiqué l'intimide. Lui qui par provocation s'habille en vert, comme le diable, se tait quand au fil de la conversation on en vient à parler science.

Les beaux esprits pontifient. Madame des Loges, parfaite maîtresse de maison, le remarque, l'invite à s'exprimer. Le voici en point de mire de la plus belle société de Paris.

Il se lance. Son esprit critique s'exerce sans entrave, sans considérer les titres et les réputations. Il n'épargne ni les pédants ni les savants de salon, qu'il confond sans arrogance, avec beaucoup d'esprit. Cela plaît aux femmes, écartées du savoir officiel, interdites de scolastique et avides d'apprendre. Sa force brute, son appétit de vivre séduisent ces belles personnes, lasses d'une existence facile. Son immense intelligence, excitante par sa rigueur décapante, rassurante par sa supériorité souveraine, les fascine.

Dès le lendemain de cette soirée mémorable, ce savant cavalier vêtu de vert, surgit de nulle part, des enfers peut-être, devient une célébrité parisienne. Il provoque un immense mouvement de curiosité, tous veulent l'entendre. Il est à la mode ! Les Précieuses prient ce jeune génie inconnu, « le plus grand des mathématiciens », disent de lui ses amis savants, d'honorer de sa présence leur salon, leur ruelle puis leur alcôve. À son ordinaire il passe de l'une à l'autre.

Pompeo Frangipani, le gentilhomme italien qui a lancé à Paris une crème épaisse, la frangipane, fort prisée des gourmets, s'en étonne. Depuis qu'il est reçu dans les salons, chaque fois que le sieur du Perron paraît il est aussitôt entouré de femmes. Un si jeune homme, obtenir de si grands succès en amour, comment est-ce possible ? Le nouveau venu a beaucoup à apprendre ! Son hôte, quoique grand seigneur, le prend familièrement par le bras.

– Certes, oui ! Et plus encore qu'on ne le pense, car, fait exceptionnel, il ne s'en vante pas.

Frangipani se récrie.

– Vous voulez m'en faire accroire !

Le maître de maison sourit. Il est temps d'initier cet Italien aux mystères de Paris. Il lui montre discrètement deux gentilshommes.

– Voyez monsieur de Montmorency, prince du Sang, le plus bel homme de la Cour, dit-on, et à son côté l'illustre, le fameux, l'irrésistible Bassompierre. Entre autres amourettes il a disputé mademoiselle d'Entragues au feu roi Henri. On ne résistait pas au puant Vert-Galant. Marie de Rohan en fut témoin, elle écrivit sur l'heure ce quatrain au fringant gentilhomme.

Bassompierre, on vous avertit,
Aussi bien l'affaire vous touche,
Qu'on vient de baiser une bouche
Dans la ruelle de ce lit.

Il répondit aussitôt.

Bassompierre dit qu'il s'en rit,
Et que l'affaire ne le touche.
Celle à qui l'on baise la bouche
A mille fois baisé son...

« Je mettrai, quand il vous plaira, la rime entre vos belles mains. »

Ce qui fut rapidement fait car Bassompierre a la réputation d'être le gentilhomme le mieux fourni de la cour.

L'hôte cite encore mille autres traits de galanterie de ces célébrissimes séducteurs, puis lui montre le sieur Claude de Bullion et dit à l'oreille du gentilhomme italien.

– Devinez lequel des trois a fait fortune par les femmes ?

Frangipani ouvre des yeux ronds.

– Serait-ce le petit vilain ?

– Oui ! Les deux autres, malgré leur réputation, y ont dépensé cinq cent mille écus chacun. Mais la comtesse de Sault a de l'affection pour le vilain. « Ah, Madame, si vous connaissiez monsieur de Bullion comme moi ! dit-elle à la reine-mère. Diou m'en garde, madame la Comtesse, répond la Médicis. Elle n'aime que les hommes grands et minces, comme Richelieu. Madame de Sault pousse le vilain Bullion, lui donne du bien, lui a procuré l'emploi de Président aux Enquêtes. La Cour n'en est pas étonnée. C'est la preuve, dit-on, de la véracité du proverbe « à petit chien, belle queue ». Vous tenez la clef du mystère.

Encore qu'au contraire du chevalier du Perron, qui cultive la propreté, le bonhomme Bullion est peu ragoûtant. Il bâfre, boit et se fait donner des lavements pour bâfrer et boire de nouveau. Comme tous les ennoblis il imite les manières des aristocrates, qui crachent et se mouchent devant la plus belle société en se bouchant une narine et en soufflant de l'autre sur le parquet. Depuis qu'il est riche il va voir les mignonnes et crapule à son aise dans les bordels.

Les Précieuses ont fort à faire pour civiliser de tels rustres ! Malgré sa rudesse, sa brusquerie et ses maladresses de provincial, le chevalier du Perron paraît par comparaison délicat et raffiné, et il est discret sur ses bonnes fortunes. Les dames apprécient. Dans ce milieu de hâbleurs, de beaux parleurs, ce jeune homme taciturne les touche. Les femmes savantes se le disputent, les libertines se l'arrachent, les Précieuses en font leur chevalier servant. Avec elles, le cavalier mal dégrossi découvre les plaisirs sublimes du théâtre, des ballets, de la musique.

Outre les madrigaux italiens à plusieurs voix, on donne à Paris des « symphoniae » avec chœurs, chanteurs et accompagnement. Mais depuis peu, sous l'influence des musiciens de la République de Venise, *sinfonia* se dit des morceaux consacrés aux seuls instruments, cuivres, violes et orgues portatifs, une nouveauté très prisée pour l'excellence de ses exécutants, notamment la Grande Bande et ses vingt-quatre violons.

Ces soirées galantes n'empêchent pas le cavalier en habit vert « de cultiver la science en dilettante, et cependant de surpasser aisément ceux qui s'y adonnent en conscience », écrit son ami le père Marin Mersenne, qui le presse de « s'intéresser à toutes les nouvelles sources d'étude ».

Au cours de rencontres chez leur ami commun, le mathématicien Claude Mydorge, Descartes du Perron improvise à vingt-et-un ans la première théorie mathématique de la musique, en physique, sur la vibration des cordes ou de la compression de l'air dans les tuyaux, en acoustique, avec la réverbération et l'écho. La mélodie, dit-il, reçue par l'oreille comme une continuité, est une suite de notes qui obéit à des lois esthétiques, hauteur des sons, intervalles, etc., formulables mathématiquement. Mersenne, émerveillé, ne cesse de faire son éloge auprès de ses confrères savants.

– Le plus grand des mathématiciens que Dieu ait créé est capable d'éclairer tous les mystères de la Nature !

La réputation du sieur du Perron touche à la mythologie.

Or un soir, Claude Mydorge évoque incidemment l'algèbre de François Viète, publiée au début du siècle, et lui montre une curiosité venue d'Écosse, le « bâton de Neper », des petites règles fixées sur un manche où sont gravées les tables de Pythagore afin de remplacer les multiplications par des additions et les divisions par des soustractions. John Neper, baron de Merchiston, n'a pas seulement inventé cette machine à calculer pour faciliter les calculs des marchands, il en a tiré une nouvelle science des nombres, les « logarithmes népériens » qu'il expose dans un traité.

Le jeune prodige, encensé, révéré par ses maîtres durant toute sa scolarité dans le premier collège de France, tombe des nues. Il pensait avoir maîtrisé, survolé les mathématiques, et il ignorait tout de ces travaux Il est tout aussi ignorant qu'un triste pédant de la Sorbonne. Les jésuites, considérés comme les meilleurs professeurs d'Europe, l'ont abusé en toute bonne foi, ils sont eux-mêmes ignorants !

Il en oublie son rendez-vous dans une taverne, à minuit, pour jouer. Il quitte Mydorge, qui n'a pas réalisé l'importance de cette révélation et s'étonne de le voir si bouleversé, court au couvent des Minimes, fait irruption dans la cellule de Marin Mersenne, s'effondre sur la planche de lit du moine et se lamente. À vingt ans passés, après des années d'études, il ne sait rien. Un savant, lui ? Quelle dérision ! Que de temps perdu ! Il est habile de ses mains. Il aime les machines. Il aurait volontiers appris les arts. Quel bon artisan il aurait fait !

Le père Mersenne, submergé par ce torrent verbal, tente maladroitement de l'encourager en lui racontant l'histoire de François Viète.

– Être doué n'est pas suffisant. Il faut travailler, travailler, travailler. François Viète chiffrait les dépêches du feu roi Henri et déchiffrait celles de ses ennemis. Il avait étudié les mathématiques par lui-même et tenait ses travaux en grande discrétion, de sorte qu'il n'était pas connu des pédants lorsque le nouvel ambassadeur des États-Généraux des Pays-Bas alla à Fontainebleau trouver le feu roi et le complimenta sur l'état du royaume.

– Mais, Sire, ajouta-t-il, vous n'avez pas de mathématiciens. Notre savant hollandais Adrianus Romanus a publié un livre avec une proposition à résoudre à l'intention de tous ses confrères d'Europe. Il les nomme, et n'en donne pas un à la France.

Le roi se piqua. Il se souvint que son chiffreur avait découvert le secret de bien des codes énigmatiques et que les siens étaient inviolables.

– Si fait, si fait, s'écria-t-il. J'ai un excellent homme. Qu'on aille quérir monsieur Viète !

Le chiffreur du roi accourut. On lui montra la proposition de Romanus, il l'étudia et avant que Henri IV sorte il proposa deux solutions. Il ajouta qu'il pouvait en donner autant qu'il lui plairait, car leur nombre était infini.

L'ambassadeur les envoya au mathématicien hollandais. Sur l'heure celui-ci se rendit à Paris. Monsieur Viète était en sa maison des champs, à Fontenay. Adrianus Romanus s'y transporta, lui soumit un autre problème plus difficile. Monsieur Viète le résolut. L'illustre savant hollandais, émerveillé, se jeta à ses pieds et embrassa ses genoux. Monsieur Viète, confus, le releva, le pria à dîner. Ils ne se quittèrent pas de six semaines.

Au bruit de sa nouvelle réputation un gentilhomme sicilien versé en mathématiques se fit nommer résident de sa République en France dans le seul dessein de conférer avec monsieur Viète. Alors le feu roi, apprenant cela, le fit nommer Seigneur de la Bigotière et Maître de requêtes. Depuis il vaque à son aise aux travaux de l'esprit.

– De même Claude Mydorge vise la charge de Trésorier de France en la généralité d'Amiens, ajoute Marin Mersenne.

René Descartes du Perron macère dans un bain d'amertume. Une charge ! Tant d'années de travaux obscurs pour la plus grande gloire, pour l'honneur du royaume, payées par une charge ! Il espérait se hausser dans le monde en subjuguant un grand personnage entiché de mathématiques et après une ou deux découvertes en géométrie, où il excelle, il pensait obtenir une pension royale afin de se livrer à des travaux de fond. Il pressent que les mathématiques sont les applications d'une science qui inclut la logique, d'une puissance illimitée, une science des sciences qu'il ne peut définir précisément. Pour cela il lui faut du temps, donc des ressources.

Si François Viète n'a obtenu qu'une charge de maître de requêtes du précédent roi, qui se souciait fort de la prospérité et du renom de la France, comment peut-il espérer obtenir une pension sous celui-ci, qui n'y entend rien ?

Il se renseigne auprès des mondains. Les courtisans le découragent.

– Henri IV était avare, le fait est notoire, mais comparé à son fils, c'était Mécène en personne ! Louis XIII joue d'argent presque chaque soir, quiconque veut faire sa cour doit le laisser gagner. La moindre perte le plonge dans un accès d'humeur noire.

Les écrivains renchérissent.

– Le roi refuse les dédicaces. Cela n'est pas nécessaire, dit-il lorsqu'on le lui propose. Ainsi il s'épargne des subventions aux hommes de lettres.

Le père Mersenne a raison, il faut obtenir une charge, comme Mydorge, conseiller au parlement. Pourquoi pas ? Les sessions durent six mois, un semestre de liberté par an, ça n'est pas si mal... Non. Ni pédant ni magistrat. Jamais ! Mais que faire ?

Chez madame des Loges Descartes du Perron rencontre nombre de cadets de famille de retour des Pays-Bas. Le poète libertin Théophile de Viau qui a fui Paris pour échapper à la colère des théologiens de la Sorbonne a rencontré Guez de Balzac à Amsterdam. Ils se sont inscrits à l'université de Leyde, renommée pour son immense bibliothèque, sa chaire de botanique et son somptueux jardin de plantes exotiques rapportées par les navigateurs néerlandais. Leurs récits enchantent la bonne compagnie.

Un soir, ils présentent à l'assemblée le sieur de Racan, ancien mercenaire au service des Provinces-Unies des Pays-Bas passé en littérature, qui revient de Hollande. Comme tant d'autres, il a la nostalgie de ce séjour.

– Comparée aux pays du Nord, la France paraît barbare. Dans toutes les villes des Pays-Bas, d'Angleterre, d'Allemagne, du Danemark, des sociétés savantes regroupent les gens éclairés, préoccupés de savoir.

La nouvelle alerte le sieur Descartes du Perron, il s'approche. Racan, qui le connaît de réputation, s'adresse à lui.

– Dans ces cercles humanistes on fait grand cas d'une confrérie connue du public sous le nom de « Frères de la Rose+Croix ». Il paraît qu'ils savent tout et qu'ils promettent aux hommes de leur apporter la sagesse et la véritable science, la sophia non encore découverte.

Du Perron, redevenu aussitôt Descartes, demande des précisions. Racan, embarrassé, ne peut que rapporter des rumeurs.

– Selon des personnes dignes de foi, ces Frères de la Rose+Croix affirment que le traité d'astronomie du moine polonais Copernic n'est pas « l'invention diabolique d'un papiste enragé à discréditer la Bible », comme le prêchent des calvinistes. Ils prétendent que la terre tourne vraiment sur elle-même et autour du soleil et ajoutent qu'il tourne avec les autres astres autour d'un feu central visible l'été dans la roue des étoiles, ce que les initiés savent depuis les plus anciens temps. Ce n'est qu'une infime partie des connaissances qu'ils sont en mesure de révéler, disent-ils.

    Descartes, qui, comme dit son ami Mersenne, « fait profession de mépriser les savants », est surpris. Mais quelle déception, si ce sont des charlatans ! Il interroge l'ancien mercenaire.

    – Je ne peux demeurer dans l'indifférence à leur sujet. Si ce sont des imposteurs il n'est pas juste de les laisser jouir d'une réputation mal acquise aux dépens de la bonne foi des honnêtes gens. S'ils apportent quelque chose de nouveau qui vaut la peine d'être su, s'ils possèdent une science dont j'ignore les fondements, il serait malhonnête de ma part de les mépriser. Il faut que je les rencontre pour conférer avec eux.

    Racan doit avouer qu'il n'en connaît aucun.

    – Par modestie et de peur d'être méjugés, d'effrayer ou d'abuser malgré eux les gens non instruits de leurs recherches, ils ont juré de ne pas paraître dans le monde pour ce qu'ils sont, de se présenter au public vêtus comme les autres et de ne se découvrir ni par leurs discours ni par leur manière de vivre. Ils ne recherchent ni la gloire, ni l'argent, ni les honneurs, mais la seule vérité. Aussi ne se font-ils connaître qu'à ceux qu'ils jugent capables de les entendre. Ils sont en nombre, dit-on, à la Cour du prince Maurice de Nassau, capitaine général de la République des Provinces-Unies des Pays-Bas.

Il a servi sous le commandement de l'illustre chef de guerre, qu'il admire plus que tout homme au monde.

– Ce grand capitaine, sans égal pour assiéger une ville ou secourir une place investie, excelle à attaquer l'ennemi par surprise. Loin d'être illettré comme la plupart des Grands, il possède bien les mathématiques, connaît l'art des fortifications, a inventé des machines pour passer les rivières ou prendre des forteresses. Il pratique la chimie et la médecine et sa cour n'est composée, outre les militaires, que de savants et d'ingénieurs de tous les pays qui travaillent sous lui.

Théophile de Viau et Jean-Louis Guez de Balzac confirment ses dires.

– Aux Pays-Bas les étrangers sont reçus également. Anglais, Allemands, Français, Wallons, Flamands, catholiques, protestants, juifs... Oui, même les juifs ! Tous rivalisent avec les Néerlandais, sauf pour les postes politiques.

– Finis les charges, les privilèges, les pensions ! Le bon vouloir du prince est remplacé par des offices, rémunérés par les États-Généraux et attribués selon les compétences.

– Les cadets de France s'engagent en masse dans l'armée des Provinces-Unies commandée par un chef prestigieux, porte-étendard des libertés. Chacun espère y faire carrière et servir une cause exaltante, la République !

Ce soir-là le cavalier en habit vert regagne sa demeure sans chercher la bonne fortune ni au jeu, ni en amour.

Quelques jours après, monsieur de Vitry, capitaine des Gardes du Corps, reçoit du jeune roi Louis XIII l'ordre de procéder à l'arrestation du maréchal d'Ancre, Concini, le favori de la reine mère. Le lundi 2 avril 1617, Vitry l'abat d'un coup de pistolet. Dans la galerie du Louvre, le roi, ivre d'une joie mauvaise, croise Richelieu. Le secrétaire d'État ignore tout, il se hâte vers le cabinet où se tient le Conseil. Louis XIII le toise.

– Me voici débarrassé de votre tyrannie monsieur de Luçon !

Le Principal ministre Barbin et le Chancelier Mangot sont embastillés. Richelieu prend la fuite avec la Médicis.

Le roi « exile » sa mère à Blois et Richelieu en Avignon.

Dans l'appartement de la Galigaï, la femme de Concini, un officier des gardes trouve des horoscopes rédigés par ses astrologues juifs dont elle ne se sépare jamais. Elle est perdue, on peut la brûler pour crime de sorcellerie.

Le lendemain, au cours d'une parodie de procès, elle avoue tout et en échange obtient la faveur d'être décapitée. Elle meurt courageusement. Ses complices astrologues périssent sur le bûcher avec d'autres suppôts de Satan.

Le peuple de Paris ouvre le tombeau de Concini, tenu pour responsable de ses misères. Des mégères des Halles exhument son corps, le dépouillent de ses vêtements, le traînent jusqu'au Pont-Neuf. La foule le lapide au passage, improvise un gibet avec trois poutres, le pend par les pieds, le livre aux flammes. Autour du feu de joie, on danse, on crie, on rit ! La fête spontanée tourne à l'émeute. Des cortèges menaçants sillonnent les rues.

Quand le populaire tient le pavé, les bourgeois s'enferment. La vie mondaine s'interrompt, on se retranche dans son hôtel ou l'on se réfugie à la campagne.

Enfin le tumulte s'apaise, on sort, on visite ses proches, on s'inquiète du sort de sa famille, de ses amis.

Une semaine, deux, trois, des semaines passent. Le sieur du Perron ne se manifeste plus. Ses amis le cherchent dans tout Paris.

En vain. Il a disparu.

Chapitre 3

LES TROIS RÊVES DE
POLYBE LE COSMOPOLITE

– Comme dit le prince d'Orange-Nassau, les jeunes filles croient que les hommes bandent en permanence et les civils pensent que les soldats ont toujours l'épée à la main !

Par cette image, d'une virilité toute militaire, un officier français de Maurice de Nassau, *stathouder* des Provinces-Unies des Pays-Bas, hormis La Frise, ouvre les cours destinés à former des spécialistes du Génie militaire en défense et prise de places fortes.

Au premier rang des auditeurs le chevalier du Perron apprend à assiéger les villes, les ports, sur terre et sur mer, à les défendre, à dresser des obstacles en échelons alternés, à ébrécher un rempart, à colmater des brèches, à battre une forteresse, à contrebattre les pièces ennemies, à construire des ponts de bateaux, des ouvrages d'art précaires, des défenses improvisées.

Les Néerlandais maîtrisent depuis des siècles ces techniques militaires car ils luttent contre un ennemi permanent, plus tenace, plus subtil, plus destructeur que tous les ingénieurs du Génie réunis, la mer. Ils sont passés maîtres en l'art de bâtir des digues et des écluses. Là où se brisent en vain les vagues les plus furieuses un boulet de canon est impuissant. Dérisoire !

Le chevalier du Perron apprend. Rien ne le rebute, ni les exercices à tir réel, ni l'entraînement à l'équitation de combat, ni la fatigue, la boue, le danger, presque aussi grand qu'en temps de guerre. C'est une épreuve nécessaire. Une armée victorieuse peut changer le monde. Au côté des soldats des Provinces-Unis marche l'Histoire. Quelle compagne !

Les États-Généraux de Hollande, Zélande, Utrecht, Gueldre, Overijssel et Groningue logent, nourrissent et soldent les volontaires, interdits de pillages. Dès leur arrivée, tous ont perçu une prime d'engagement. Cette première pièce d'or, du Perron tient à la conserver. Pour payer et subvenir aux besoins de son valet, dont un cavalier ne saurait se passer, il joue aux dés et aux cartes. Outre la boisson, indispensable compagne du jeu dont il use avec parcimonie, il contracte dans ces corps de garde l'habitude de fumer la pipe, et bien que cette pratique soit nocive pour sa « faiblesse du poumon » il ne pourra jamais s'en défaire.

Le soleil d'automne dans toute sa splendeur dore les façades de brique. Un vrai temps d'été, sans la chaleur accablante. Un temps pour flâner. Le sieur du Perron déambule dans les petites rues de Breda pavées de fines briquettes en terre cuite rose, serrées entre d'étroites maisons à deux ou trois étages d'une propreté parfaite, méticuleuse. Quel contraste avec Paris ! Il aime cette ville, enclose par un fossé rempli d'eau large et profond comme une rivière, doublé de remparts inclinés pour ne pas donner prise aux boulets de canon, flanqués de bastions hexagonaux couverts d'un toit d'ardoise coiffé d'un bulbe comme les clochers et les beffrois. Par ces chefs-d'œuvre les charpentiers néerlandais affirment leur maîtrise. En matière de navires, de digues et de machines nul ne les surpasse.

Seul avec lui-même, du Perron, à son habitude, s'attarde longuement dans les échoppes riches de curiosités et d'objets exotiques apportés des Indes Occidentales et Orientales ou de contrées lointaines, mystérieuses, d'Extrême-Orient. Toutes ces marchandises attestent de la supériorité de la flotte de commerce néerlandaise, de l'audace de ses négociants partout dans le monde, de la puissance de ses armateurs et de la richesse de ses banques.

Il se sent proche de ce peuple, petit par le nombre, grand par son histoire. Comme les anciens Grecs vainqueurs de l'empire perse sur mer et sur terre, les Pays-Bas combattent l'Inquisition et son bras séculier, la marine et l'armée de l'empire espagnol. Dans les Provinces-Unies, nouvelle Grèce, à Amsterdam, nouvelle Athènes, on est libre. Libre de se réunir, libre de dire, libre d'imprimer. Libre de haute lutte.

Tiens, des passants en arrêt devant une affiche. Curieux de tout, il s'approche du groupe. Sous la proclamation, rédigée en néerlandais, le graveur a tracé une figure de géométrie. Il demande à ses voisins de lui donner la substance du texte en Latin

L'un des badauds, amusé par ce soldat qui sait la langue des savants, lui répond.

— Il s'agit d'un problème très ardu, proposé aux savants attachés à la cour du prince Maurice par un mathématicien qui se flatte de se faire connaître par ce défi public.

En un instant du Perron redevient Descartes. Il insiste. Ce monsieur aurait-il l'obligeance de lui traduire l'exposé ? Le Néerlandais est tout disposé à lui donner satisfaction, à condition qu'il veuille bien lui apporter sa solution. Lui-même considère cette énigme comme insoluble.

En lisant le billet où son interlocuteur a rédigé les données du défi, Descartes apprend qu'il se nomme Isaac Beeckman, médecin, philosophe, mathématicien et Principal du collège de Dordrecht, où il demeure, en visite chez son ami le mathématicien Jacques Aleaume.

Reste à résoudre le problème de géométrie. Autrefois, au collège de La Flèche, il a abordé cet exercice. Au grand étonnement de ses maîtres il avait imaginé de les résoudre par l'analyse mathématique. Cette fameuse énigme ne lui paraît guère plus compliquée.

Le lendemain Descartes apporte au distingué principal la solution du problème insoluble. Dans la nuit, pour étonner un savant de rencontre, il a créé les fondamentaux de la géométrie analytique.

Dans les rues de Breda deux hommes conversent passionnément. L'un, vêtu de noir, à la calviniste, a pris le bras de l'autre, un cavalier en habit vert. L'après midi est avancé mais ils ont oublié l'heure du dîner, le repas de la mi-journée. Fasciné, bouleversé, Isaac Beeckman écoute ce jeune homme de vingt-deux ans développer des démonstrations mathématiques avec une aisance confondante, comme s'il traitait d'arithmétique élémentaire. Est-il possible que parmi des cadets stupides, arrogants, querelleurs, rêvant de gloire, de guerre, de mort, il ait découvert par le plus grand des hasards un insondable génie ?

Descartes l'arrache à ses pensées.

– Connaissez-vous des membres de la Fraternité Rose+Croix ? On dit qu'ils sont en nombre à la Cour de Maurice de Nassau.

– L'auteur de l'énigme, monsieur Aleaume, est le mathématicien en titre du prince Maurice. dit Beeckman. Voulez-vous m'accompagner chez lui ?

Comme le Principal du collège de Dordrecht, Aleaume est subjugué par le jeune prodige. Il le prie à souper en privé. Au cours du repas Descartes aborde la question qui le préoccupe.

– Est-il vrai que les Frères de la Rose+Croix possède une science qui leur permet de trouver la vérité en toutes choses ?

Jacques Aleaume ne répond pas directement.

– Les Frères de la Rose+Croix ont rejeté la médecine de Galien, dont les principes sont déformés par la scolastique, et sont partisans du médecin et alchimiste Paracelse. Les ministres calvinistes les accusent d'être une secte de « luthériens paracelsistes » et les calomnient d'autant plus aisément que l'histoire de la Fraternité n'est connue du public que par le récit symbolique de son institution, écrit par Johannes Bringuern.

Il possède le livre et se fait un plaisir de le résumer à son hôte.

Selon lui le fondateur de la Rose+Croix est né en Allemagne en 1378 de parents très pauvres mais nobles. À l'âge de trois ans il apprend à lire et à écrire, à cinq ans il est placé dans un monastère où il apprend les sept arts libéraux, ou arts du Livre, le *trivium*, grammaire, dialectique, rhétorique, puis le *quadrivium*, arithmétique, géométrie, astronomie et musique, ainsi que le grec, le latin et nombre de langues orientales.

Il quitte ses maîtres pour voyager et se joint à des mages et alchimistes qui lui enseignent leur art. Il se rend en Turquie, puis en Arabie où il apprend que dans une ville nommée Damcar, peu connue dans le monde, n'habitent que des philosophes versés dans les sciences de la nature. Il s'y rend. Les sages lui font un accueil aimable, le saluent par son nom, lui parlent de ses années d'enfance bien qu'il ne le leur ait rien révélé de tout cela. Ils attendaient sa venue depuis longtemps, lui disent-ils, car il sera l'auteur d'une réforme générale du monde. Ils l'instruisent de diverses choses et lui communiquent la plupart de leurs secrets. Il demeure trois ans parmi eux, les quitte pour visiter la Barbarie, pays des Berbères, séjourne à Fez, y confère avec les mages et les kabbalistes, fort nombreux en cette ville sainte.

De là il passe en Espagne d'où il s'enfuit pourchassé par l'Inquisition après avoir posé les bases de la réforme universelle. Il se retire en Allemagne, y vit en solitaire jusqu'à l'âge de cent six ans et meurt sans maladie en 1484. Son corps repose dans la grotte où il a vécu inconnu de tous.

En 1604 quatre sages découvrent l'entrée du sanctuaire « éclairé d'un soleil placé au fond de l'antre mais qui reçoit sa lumière du Soleil du

Monde ». Guidés par cette clarté initiatique ils prennent connaissance des mystères.

Au centre d'un autel circulaire une plaque de cuivre porte une inscription gravée en latin.

A. C. R. C.

Vivant, je me suis réservé cet abrégé de lumière pour sépulcre.

Elle est encadrée de quatre figures, chacune soulignée d'une phrase, *La Gloire Entière de Dieu, Le Joug de la Loi, La liberté de l'Évangile, Jamais Vide*, ainsi que de plusieurs outils et objets, de miroirs de différentes façons, de lampes, de sonnettes, de livres, entre autres *Le Petit Monde* écrit par le fondateur. Sur un vieux mur est écrit *Après six vingt ans je serai découvert.*

De 1484 à 1604 les cent vingt ans se sont écoulés. Chacun des quatre inventeurs de la grotte choisit un témoin et les huit sages fondent la Fraternité des Frères de la Rose+Croix.

– Bringuern n'explique pas l'origine de ce nom. Il ne vient pas du fondateur, qui ne se nommait pas Christian Rosencreutz, il est resté anonyme, précise Jacques Aleaume.

Il montre à Descartes des gravures « dont certaines, fort rares, sont inconnues des bibliothécaires les plus zélés ».

– La symbolique de la grotte évoque le mythe de la Caverne de Platon, et la Rose+Croix rappelle la Kabbale Chrétienne. Mais comme tous les symboles, la Croix à la Rose, deux branches égales qui se croisent en leur milieu et écartèlent quatre pétales de fleur, est très ancienne. Chez les Finn ou Fein, peuple irlandais originaire de Finlande, dépositaire et gardien de la tradition boréale, elle est devenue la croix celtique. Deux siècles avant l'ère chrétienne les Grecs l'ont frappée sur des monnaies pour commercer avec les Celtes.

Les détonations de pétards jetés dans la rue l'interrompent. Aleaume sourit.

— Faute de pouvoir abolir l'ancestrale fête de l'équinoxe d'automne, l'Église l'a placée sous le patronage du saint qui a déchiré son manteau en deux parts égales pour le partager avec un pauvre. Dans les pays protestants le nom du saint a disparu mais la coutume est restée. Ce soir, veille de la Saint-Martin, les ouvriers embauchés chaque matin commencent à fêter ce jour coutumier de débauche...

— Puisqu'ils annoncent une « réforme universelle », ils doivent savoir comment trouver la vérité dans les sciences !

Descartes l'a interrompu malgré lui tant cette question l'obsède.

— Lorsque j'ai commencé à étudier les mathématiques j'ai lu la plupart des auteurs traitant ces sujets, surtout d'arithmétique et de géométrie, les plus simples et les plus faciles des sciences. Ils ne m'ont jamais satisfait. Tout ce qui était dit des nombres et des figures, je le reconnaissais pour vrai après l'avoir vérifié par le calcul, ainsi que les vérités qui en découlent. Mais pourquoi en est-il ainsi et comment l'avaient-ils trouvé ? Ils ne le disaient pas.

Les deux mathématiciens se perdent dans leurs pensées. Les yeux de Descartes ont viré au noir, preuve d'une intense réflexion.

– Que nul n'entre ici s'il n'est géomètre, proclamait une inscription sur le fronton du portique de l'académie de Socrate et Platon. C'était la condition nécessaire pour aborder une science plus importante, la science des sciences, que les Anciens appelaient mathesis universalis.

L'intuition jaillit, claire, évidente, formulée au fil de la pensée.

– Si les Frères de la Rose+Croix possèdent réellement la véritable science, c'est cette mathésis poussée vers la perfection, car celle des Anciens était fort rudimentaire.

Le mathématicien en titre de Maurice de Nassau sait qu'il est vain de lui dissimuler la réalité.

– Selon la tradition initiatique, cette science universelle attribuée au « premier philosophe », Pythagore, fut perdue après sa mort et la destruction de l'École pythagoricienne par les Romains. Une science substituée appelée Géométrie par des adeptes de Platon est transmise secrètement de génération en génération. Les architectes et les artisans bâtisseurs l'appellent l'art du Trait.

Le ton de sa voix, plus bas, exprime malgré lui l'amertume de l'échec.

— C'est la véritable mathesis universalis que le fondateur mythique de la Rose+Croix a cherché en voyageant de l'Occident à l'Orient puis de l'Orient à l'Occident. Il faut avouer qu'il ne l'a pas trouvée. La Fraternité transmet une voie d'accès aux philosophies de la connaissance et du savoir par l'une de ses formes substituées, la tradition alchimique symbolique.

Jacques Aleaume prête à son hôte des livres de Johann Valentin Andrea, *Fama fraternitatis* et *confessio fratrum Rosae-Crucis*, et de Robert Fludd, Elie Ashmole et Dorn. Descartes, qui « goûte fort l'éloquence et la poésie aime laisser son esprit vagabonder dans les rêveries ». Ces textes inspirés de traditions immémoriales transmises oralement le touchent et exaltent son imagination.

Il a enfin trouvé en Isaac Beeckman le père qui lui manque tant. Ébloui d'enthousiasme, il écrit sans cesse à celui auquel doit « ses retrouvailles avec les muses des sciences », lui dit-il, et lui en est fort reconnaissant.

Le premier janvier 1619 il offre en étrennes au Principal du collège de Dordrecht, le manuscrit en Latin d'un traité de musique, *Compendium Musicae*. « L'objet de la musique est le son. Sa fin est de plaire, et d'exciter en nous diverses passions. Car il est certain qu'on peut composer des airs, qui seront tout ensemble tristes et agréables, et il ne faut pas trouver étrange que la musique soit capable d'effets si contradictoires, puisque les élégies même, et les tragédies nous plaisent d'autant plus qu'elles excitent en nous plus de compassion et de douleur, et ainsi nous touchent davantage », dit-il dans la préface qui préfigure le *Traité des Passions*.

Suit une théorie mathématique de la musique, précédée d'une lettre de présentation où il le prie de garder pour lui « cette production imparfaite de son esprit. C'est votre considération seule qui me l'a fait brocher tumultuairement dans un corps de garde où règnent l'ignorance et la fainéantise, et où l'on est toujours distrait par d'autres pensées et d'autres occupations que celles de la plume ». Dont celle de gagner sa vie au jeu...

Au siècle suivant Rameau fera l'éloge de ce traité et l'utilisera pour bâtir sa théorie musicale d'où naîtra la musique classique. Mais Beeckman le trouve obscur. Descartes lui donne des explications mais il se préoccupe davantage de leur amitié. « J'ai reçu votre lettre, que j'attendais. Dès le premier regard jeté sur elle, je me suis réjoui, en y voyant des notes de musique. De quelle façon auriez-vous plus clairement montré que vous vous souvenez de moi ? Mais il y a autre chose que j'attendais aussi, et qui importe davantage. Qu'avez-vous fait, que faites-vous, comment vous portez-vous ? Car je ne me soucie pas seulement de la science, mais de vous-même, croyez-le bien, et non seulement de votre esprit, bien qu'il soit l'essentiel, mais de l'homme tout entier ».

Tout René Descartes est dans cette pensée. L'homme a besoin d'amour, et lui plus qu'un autre, il en a tant manqué ! « En ce qui me concerne, ajoute-t-il, oisif comme à mon ordinaire, à peine ai-je donné un titre aux livres que, sur votre conseil, je dois écrire. Pourtant, ne me croyez pas désœuvré au point de perdre tout à fait mon temps. Au contraire, je ne l'ai jamais plus utilement employé, mais a des choses que votre esprit, occupé de sujets plus relevés, méprisera sans doute, et regardera dédaigneusement du haut du ciel des sciences. Je m'adonne en effet à la peinture, à l'architecture militaire et à l'étude du Flamand. »

Mais de l'homme tout entier nommé René Descartes, qui se soucie ? Des femmes ! Il goûte plus que jamais leur douce tendresse. Dans Breda peuplée d'austères bourgeois calvinistes vêtus de noir la *furia francese* fait l'effet d'une tornade. Il aime passionnément la vie, il y exerce son esprit et ses sens, jouit également du beau et du bon, des arts, des spectacles, des longues courses à cheval, des assauts d'escrime, du vin, des banquets, de l'amour des femmes. Il prend le temps de vivre.

Depuis sa rencontre avec Beeckman, il a renoué avec les mathématiques de très haut niveau, plaisir rare, épuisant mais précieux, unique, divin privilège. Mais en tant qu'ami « ce savant qui ne veut entendre parler que de sciences », dit Descartes, s'avère décevant. Lui veut tout connaître. Tout affronter. Une volonté inconsciente, une pulsion irrésistible le pousse, il lui faut aller au bout de lui-même pour se dépouiller définitivement de sa défroque d'enfant et d'adolescent impuissant, faible, dépendant, admiré mais non aimé. Coupé de son passé, régénéré, trempé, métamorphosé en un autre né de sa seule volonté, bâti par lui, entièrement en accord, enfin, avec lui-même, il pourra tout oser, tout entreprendre !

Il est temps de partir. Les Pays-Bas, hauts lieux des libertés, sont devenus un champ clos où s'affrontent deux sectes calvinistes, les Arminiens et les Gomaristes. Las d'être persécutés, les disciples d'Arminius, minoritaires, ont levé des soldats, les attendants, «veilleurs ». Le prince républicain Maurice de Nassau, devenu prince d'Orange depuis la mort de son frère, réprime les troubles avec son « armée des gueux ».

Descartes quitte les Provinces-Unies. Le 26 mars 1619, à quelques jours de son vingt-troisième anniversaire, il écrit longuement à Beeckman.

« Il me sera permis, je pense, de vous dire adieu par lettre, puisque je n'ai pu le faire de vive voix en m'éloignant de vous. Depuis six jours j'ai cultivé mes Muses avec plus de soin que jamais. J'ai trouvé, en effet, en ce temps si court, quatre démonstrations remarquables et tout à fait nouvelles. Je n'ai pas encore achevé la discussion de toutes, mais, à mon sens, ce que j'ai trouvé pour les unes, je l'appliquerai facilement à d'autres. Et, par ce moyen, on pourra résoudre quatre fois plus de questions, et de bien plus difficiles, que par l'algèbre commune. Et déjà je cherche autre chose pour l'extraction des racines composées en même temps de plusieurs dénominations différentes. Si je le trouve, comme je l'espère, je mettrai entièrement en ordre cette science, pourvu que je puisse vaincre ma paresse naturelle, et que le Destin m'accorde la faveur d'une vie libre. »

Descartes est l'un des créateurs des fondamentaux de l'algèbre moderne. Mais il n'oublie pas sa conversation avec le mathématicien Jacques Aleaume.

« Et certes, pour vous dévoiler simplement l'objet de mon entreprise, je désire donner au public une science fondamentale nouvelle permettant de résoudre en général toutes les questions que l'on peut proposer en n'importe quel genre de quantité, tant continue que discontinue, mais chacune selon sa nature. L'œuvre, il est vrai, est infinie, et ne peut être accomplie par un seul. Projet incroyablement ambitieux ! Mais j'ai aperçu je ne sais quelle lumière dans le chaos obscur de cette science, et j'estime que, par le secours de cette lumière, les ténèbres les plus épaisses pourront être dissipées.

« Pour ce qui est de mes voyages, le dernier fut heureux. Et il le fut d'autant plus qu'il parut plus dangereux. Le premier jour, les vents m'ont contraint à retourner à Flessingue, or, le lendemain, embarqué sur un bateau fort petit, j'ai subi une mer plus furieuse encore, et cependant avec plus de plaisir que de crainte. Car je me suis éprouvé moi-même. Après avoir traversé sans nausées les flots de la mer, dont je n'avais jusqu'ici nulle expérience, je me suis senti plus d'audace pour entreprendre un voyage plus important. Je ne partirai pas avant trois semaines. Mais j'espère alors gagner Amsterdam, et de là Dantzig, puis, traversant la Pologne et une partie de la Hongrie, j'arriverai en Autriche et en Bohême. »

Quelques semaines plus tard, il envoie un messager à Beeckman pour savoir comment il se porte, « s'il est encore occupé de mariage pour lui, et non plus pour un autre ». Et il termine ce billet par « Adieu. Aimez-moi ».

Cela se dit entre intimes liés par une amitié intense. C'est la première fois que le cavalier ressent un sentiment aussi profond envers celui qu'il considère inconsciemment comme le père qu'il n'a jamais eu et qui le pousse à fuir, tant cet attachement sans retour l'insupporte. Quand le proviseur lui écrit enfin, c'est encore pour l'inciter à se consacrer aux sciences. Il lui répond par un dernier message de reconnaissance.

« N'attendez plus rien de nos Muses, car mon esprit est déjà en voyage, pendant que je me prépare à me mettre en route demain. Je ne sais encore « où le destin me conduit, où il me sera donné de m'arrêter ». Si je m'arrête quelque part, comme je l'espère, je vous promets d'entreprendre aussitôt de mettre en ordre la Mécanique, ou la Géométrie, et je vous honorerai comme le promoteur de mes études et leur premier auteur. Car vous êtes vraiment le seul à avoir secoué ma nonchalance, seul vous avez rappelé mes connaissances déjà presque échappées de ma mémoire, et vous avez ramené à de meilleures pensées mon esprit qui s'éloignait de toute occupation sérieuse. Je composerai un jour un ouvrage complet sur la géométrie. A mon sens, il sera nouveau et point méprisable. »

Peu après son départ la guerre civile se termine aux Pays-Bas. Le 9 mai, au Synode national, à Dordrecht, les gomaristes « assistés de l'épée du prince d'Orange » déclarent les arminiens hérétiques, les persécutent et ouvrent le procès de leur chef de délégation et porte-parole, l'avocat général Barnaveldt. Il est décapité le 12 mai à l'âge de soixante-seize ans.

Les portes de Francfort-sur-le-Main restent fermées ce 9 septembre 1619 selon le nouveau calendrier du pape Grégoire en usage chez les catholiques depuis 1582, ou 30 août selon le calendrier établi sous Jules César, toujours en vigueur chez les protestants malgré ses imperfections car ils n'ont pas de leçon à recevoir de ces « damnés papistes ».

L'archiduc d'Autriche Ferdinand, nommé roi de Bohème et de Hongrie et élu roi des Romains par les princes Électeurs va être sacré empereur du Saint-Empire Romain Germanique en sa ville impériale devant un grand concours de peuple.

Les étrangers ont défense d'assister à la cérémonie, l'entrée de la cité leur est interdite par des gens de guerre. Pourtant un cavalier en habit vert est au premier rang du public massé sur le parcours du splendide cortège impérial...

La fin du *Te Deum* annonce sa sortie de l'église Saint-Barthélemy. Les officiers de la Cour vont devant. Les conseillers impériaux, les barons, les comtes, les ducs et les princes passent, flamboyants de pourpre chamarrée, étincelants de dorure en plaques sur les cuirasses, scintillants de pierreries en colliers et sautoirs.

Les cinq hérauts du ban de l'empire sonnent du buccin. Viennent alors les ambassadeurs des Électeurs Palatin et de Brandebourg, ensemble, portant sur des coussins de velours cramoisi rehaussé de broderies au fil d'or le Globe surmonté d'une croix et le sceptre de Charlemagne. Suit l'ambassadeur de l'Électeur de Saxe portant sur un épais drapé de soie semé de pierres précieuses serties sur des métaux rares *Joyeuse*, l'épée de *l'empereur à la barbe fleurie*.

Et voici, dans sa magnificence, que s'avance sous un dais porté par les consuls et les sénateurs Sa Majesté Impériale Ferdinand II, ceint de la couronne de fer des rois germains, vêtu de la chape, de l'aube longue et de la grande étole, chacune décorée avec plus d'opulence encore, recouvert du manteau d'or *de Carolus Magnus*, suivi des Électeurs ecclésiastiques de Mayence et de Cologne somptueusement costumés. L'apparat fastueux se dirige vers le palais par le pont du Main couvert de tapis rouges mis en morceaux par le peuple dès que l'empereur les a foulés afin de les emporter en souvenir. Trois officiers à cheval ferment le défilé et jettent dans la foule une profusion de médailles d'or et d'argent frappées du profil de l'empereur et au revers de ses armoiries avec la date du couronnement. L'enthousiasme tourne au délire.

Pour assister à la représentation la plus pompeuse donnée sur le théâtre du monde par les premiers acteurs de l'Histoire, écrit-il à des amis, le chevalier du Perron joue sa tête. S'il est pris elle tombera sous la hache du bourreau.

L'acteur principal du défilé, l'empereur, n'est qu'un figurant. Les princes Électeurs calvinistes se sont fait représenter au couronnement. L'oint du Seigneur ne règne et le Saint-Empire Romain Germanique n'existe que par la grâce du Très Saint-Père le pape, la puissance de son or et l'appui des troupes espagnoles de Sa Majesté Catholique d'Espagne, car des troubles en Bohème menacent l'empire.

Le seigneur du Perron séjourne dans Francfort en fête. Il assiste aux courses à cheval, aux mascarades, au carnaval et autres réjouissances de la cour et du menu peuple. Mais la guerre est inévitable. Le duc de Bavière annonce une levée de troupes pour combattre Ernest le Bâtard, comte de Mansfeld, et les révoltés de Bohème. Puis le duc fait savoir à son armée qu'elle marchera contre Frédéric V, prince Électeur du Palatinat, élu roi de Bohème par les princes calvinistes. Qu'importe, les mercenaires, gens de sacs et de cordes, n'ont ni amis ni ennemis, ils n'ont que des chefs de guerre et des proies.

Le cavalier du Perron signe un contrat de volontaire rémunéré au butin de guerre. Il veut tout connaître du monde, le meilleur comme le pire, dit-il. Est-ce la vraie raison ? Non. Il s'est donné une mission secrète.

Avec les troupes bavaroises il marche vers le Danube pour y prendre les quartiers d'hiver et attendre jusqu'aux beaux jours le début des combats si les négociations ne mettent pas fin au conflit politique.

L'inaction, mal redoutable. Il n'y a rien à faire, rien à voir, rien ni personne, sauf des troupiers. Lorsqu'il ne peut plus tromper sa solitude sans amour en se plongeant dans l'agitation mondaine le chevalier du Perron s'efface et Descartes réapparaît.

Pendant plus de deux mois il vit dans la continence et l'abstinence. Il joue, par nécessité, l'argent gagné aux cartes constitue sa seule ressource. Mais l'intuition d'une science fondamentale applicable à toutes les connaissances, la mythique mathesis universalis, l'obsède.

Sa qualité de volontaire sans solde le dispense du service de garnison. Il a loué une chambre chez l'habitant. Un soir, il a la sensation pénible de suffoquer, d'être oppressé, d'avoir du mal à respirer. Il a anormalement chaud. Un souffle d'air tiède l'enveloppe. Le fœhn s'est levé. Ce vent puissant né dans les Alpes suisses balaie la vallée du Danube pendant des jours, des semaines, parfois, sans jamais faiblir. Le fœhn rend fou, dit-on. Les gens se hâtent de rentrer chez eux, les lanternes projettent leurs ombres déformées sur les façades. C'est la fin de l'été de la Saint-Martin.

La Saint-Martin, c'est demain ! Descartes se souvient de sa conversation avec Jacques Aleaume, il y a un an jour pour jour. Il s'enferme dans son poêle, une chambre chauffée par un monumental appareil à feu en terre vernissée, et se couche pour mieux réfléchir, à son ordinaire. Enfin, tard dans la nuit, il s'endort d'un mauvais sommeil. Il cauchemarde.

Des personnages grotesques et ricanant surgissent devant lui, lui barrent le passage. Effrayé, il tente de s'enfuir. Impossible. Il ressent une telle faiblesse du côté droit qu'il doit se pencher, se plier en deux pour avancer péniblement, à tout petits pas, dans la rue déserte. Chaque pas lui arrache une souffrance, augmente son angoisse. Il serre les dents pour ne pas crier. Honteux de cette attitude, il tente un effort surhumain pour se redresser. Au moment où il y parvient, une bourrasque le fait tourner sur lui-même trois ou quatre fois. Le vent souffle en rafales de plus en plus violentes. Il se traîne, si faible qu'il croit tomber à chaque pas. Une panique incontrôlable le pousse en avant. Il aperçoit un portail ouvert, entre. C'est une cour de collège. La chapelle de l'établissement est là, tout près, il rassemble son énergie, s'y dirige, lutte contre la tempête. Enfin il en est proche. Mais il a croisé un homme, bien connu de lui, sans le saluer. Il tente de revenir sur ses pas. Immédiatement, le vent change de sens et le repousse avec violence vers l'église. Au milieu de la cour, un inconnu l'interpelle avec sympathie, lui dit d'aller trouver quelqu'un qui veut lui donner quelque chose. « Probablement un melon apporté de l'étranger », pense-t-il aussitôt. Son angoisse grandit. La cour se peuple de gens fermes et droits sur leurs pieds, tandis qu'il est toujours courbé et chancelant. Pourtant la tempête se calme. Le vent tombe complètement. Sa douleur au côté devient terrible. Insupportable.

Il se réveille. Il est couché en travers de son lit, plié en deux. Il a réellement mal. Son poumon est redevenu douloureux. Il change de position, s'allonge, se détend. La douleur s'atténue. Après s'être longtemps agité, il se rendort.

Un coup de tonnerre aigu, éclatant, le tire du sommeil. Il ouvre les yeux. Une pluie d'étincelles tombe dans sa chambre. Il connaît bien ce phénomène qui s'est déjà produit à son réveil. En fermant puis ouvrant lentement les yeux, les étincelles s'atténuent et disparaissent progressivement. Il s'endort, enfin détendu.

Sur sa table, en évidence, il aperçoit un livre qu'il n'a jamais vu, déposé là par un inconnu. Il l'ouvre. C'est un dictionnaire. Très bien, l'ouvrage lui sera très utile. Encore un livre... C'est un gros recueil de poèmes de Don Pedro Giron, duc D'Ossone, Vice-roi De Sicile et de Naples, *Corpus Poëtarum*. Il l'ouvre au hasard. La page est titrée *Quod vitae sectator iter ?* « Quel chemin suivre dans la vie ? » Il se retourne. Un inconnu souriant lui montre une poésie, *Est et Non*. Il la connaît, elle se trouve dans le recueil, là, sur la table, il la recherche. L'homme lui demande d'où il tient ce livre. Il n'en sait rien, mais il y avait là un dictionnaire. Il a disparu, sans qu'il sache qui le lui a apporté et qui le lui a repris. A peine a-t-il dit ou plutôt pensé cela, car ils semblent communiquer sans user de la parole, que le dictionnaire réapparaît. Mais il manque des pages. Cependant il a beau chercher, il ne trouve pas *Est et non*. Mais, dit-il à l'inconnu, toujours en pensée, j'en connais un autre, encore plus beau, *Quod vitea sectator iter ?* Il feuillette le gros volume de poésie pour le trouver, et découvre une série de petits portraits gravés en taille-douce.

Tout s'efface. L'homme et les livres. Descartes se réveille, apaisé, l'esprit clair. Sa tension nerveuse a disparu. Son premier rêve, c'est son enfance souffrante, son mal des poumons, sa faiblesse physique, sa différence durement ressentie, le manque d'amour et la solitude si douloureusement vécue au collège de La Flèche. L'homme qu'il voulait saluer, qui l'a rejeté vers la chapelle, ses maîtres jésuites, c'est son père. Le melon offert par un inconnu, c'est le père Charlet et son cadeau, le plus savoureux des fruits, la liberté dans les études, et au bout, la connaissance qui apparaîtra ici, en Allemagne, car le melon est « apporté de l'étranger ». Le deuxième rêve, ce sont les fausses lumières qui semblent éclairer l'esprit alors qu'elles ne font qu'obscurcir l'entendement. Il saura les dissiper plus simplement qu'il ne le pense. Le troisième rêve lui prédit son avenir et le chemin de la vérité qu'il découvrira sans l'aide des livres.

Ces songes prémonitoires se vérifient le lendemain par la visite imprévue de l'un de ses amis, un peintre italien, annoncée par les gravures en taille-douce. Tout est dit. Par ce rappel de son passé, la description de son présent, l'évocation de son avenir, l'esprit de vérité l'a éclairé sur le chemin à prendre.

Dès le lendemain, sous le coup de l'émotion, il entreprend la rédaction d'un traité universel, *Olympica*, « Les Olympiques », vaste fresque sur la pensée humaine, ses origines, son histoire, son devenir. De la primauté du recueil poétique sur le dictionnaire, qui s'est révélé incomplet, il tire un enseignement.

« Au-dessus de tout règne la Poétique, union de la Philosophie et de la Sagesse. La poésie sacrée ou profane, les poèmes, même futiles ou légers, sont jalonnés de pensées importantes, plus sensées et mieux exprimées que celles des philosophes. Cette merveille est due à l'enthousiasme et à la force de l'imagination, elles font jaillir les semences de la Sagesse, présentes dans l'esprit de tous les hommes comme les étincelles le sont dans un galet de silex, et cela avec beaucoup plus de facilité et de brillance que par la seule Raison dont usent lesdits philosophes. »

Les poètes ont reçu un double don, l'enthousiasme et la révélation. Descartes n'espère pas en être favorisé. Ce n'est pas son chemin. L'esprit de vérité, en descendant sur lui dans un bruit de tonnerre lors de son deuxième rêve, lui a révélé comment dissiper les fausses lumières, ces étincelles qui obscurcissaient sa vue. C'est le *est et non* de son troisième rêve, le *oui et non* de Pythagore. L'un se définit par l'autre, sous forme de vérités et d'erreurs, les unes découlant des autres, leurs contraires. Des pages d'un livre de Dorn lui reviennent en mémoire. « Sic paulatim scintillas aliquot magis ac magis indies perlucere sus oculis mentalibus percipiet », « ainsi progressivement l'homme verra toujours plus d'étincelles briller de plus en plus fort aux yeux de son esprit et croître jusqu'à former une telle lumière que toutes les choses qui lui sont nécessaires seront connues de lui dans la suite des temps ». Il l'écrit.

« De même que l'imagination se sert de figures pour concevoir les corps, de même l'intelligence, pour figurer les choses spirituelles, se sert de certains corps sensibles comme le vent, la lumière. D'où il suit que, philosophant de façon plus élevée, nous pouvons conduire l'esprit, par la connaissance, dans les hauteurs. »

Seul parmi vingt-cinq mille mercenaires en garnison sur les bords du Danube, Descartes consacre l'hiver à rédiger un traité en Latin dédié aux érudits du monde entier.

Le 31 mars 1620, à vingt-quatre ans, il se rend à Ulm en quête d'un libraire disposé à imprimer *Olympica*.

L'un d'eux lui présente Johannes Faulhaber, illustre mathématicien particulièrement versé en arithmétique et en algèbre, qui a publié un recueil de problèmes en langue allemande. Cette audace a fait scandale, car les scoliastes, savants et érudits doivent écrire en Latin.

Le mathématicien Peter Roten vient de publier à Nuremberg les solutions de ces problèmes et en propose d'autres, « d'une difficulté extraordinaire ». Comme tous les savants, Johannes Faulhaber est subjugué par le cavalier en habit vert. Il le prie « d'entrer en société de travail avec lui, afin de les résoudre. Il ne peut lui refuser cette honnêteté ».

Descartes accepte, les résout et leur ajoute « les règles et théorèmes généraux nécessaires à la solution de ces sortes de questions et de toutes les autres de même nature ». Il a surpassé l'algèbre de Viète, « sans l'avoir lue », dit-il, il n'en connaît que le principe, « utiliser des lettres pour représenter les quantités et préciser les rapports de cette science avec la géométrie ».

Il explique au meilleur mathématicien d'Allemagne que l'essentiel est de trouver un mode de raisonnement universel applicable à tous les problèmes.

— La vérité se discerne aussi aisément sur un sujet obscur que sur un sujet facile. Car, en toute circonstance on distingue toujours la vérité par un acte semblable, la différence est dans le chemin, plus long s'il mène a une vérité complexe. La seule condition est d'aller du simple au compliqué. Mais la plupart des hommes dédaignent les choses simples comme indignes d'eux et de leur savoir et admirent d'autant plus qu'ils ne les comprennent pas les raisonnements compliqués que les philosophes sont allés chercher très loin. Pourtant ces raisonnements reposent sur des fondements que personne n'a jamais prouvés. Pauvres fous, vraiment, qui ont un faible pour les ténèbres plutôt que pour la lumière !

Faulhaber l'approuve.

— C'est l'objet du livre que vient de publier Sir Francis Bacon, Chancelier d'Angleterre. Dans l'Europe ravagée par les guerres des religions, l'intolérance, l'ignorance et les superstitions, la scolastique entretient la confusion dans les esprits. C'est pourquoi des hommes à la recherche de la vérité dans les choses naturelles et dans la vraie science ont créé une société pour unir sans distinguer les nationalités, les religions, les fortunes et les naissances ceux qui œuvrent pour une réforme générale du monde annoncée dans le mythe fondateur de la Rose+Croix.

Le temps est venu, pour Johannes Faulhaber, d'en informer le plus grand des mathématiciens.

- Bien qu'elle soit seule connue du public par les imprudences de certains confrères, la Fraternité de la Rose+Croix fait partie d'un Ordre tenu secret autant qu'il est possible afin de ne pas l'exposer à l'envie des jaloux et aux coups des fanatiques. Issu des académies antiques et d'Ordres anciens, dont celui de la Toison d'Or, il perpétue les Ordres chevaleresques d'Occident et d'Orient d'origine chrétienne ou musulmane. Aussi avons-nous coutume de l'appeler « l'Ordre » sans préciser davantage pour ne pas attenter à sa vocation universelle. Les candidatures sont examinées en conscience, sans considérer la naissance, la fortune et les mérites.

Cela plaît à Descartes qui pense depuis toujours qu'il n'y a d'aristocratie que celle du cœur, le courage, sans distinction des différences dues au hasard de la naissance.

- L'Ordre n'enseigne rien, ajoute Faulhaber. Celui qui a renoncé aux dogmes, aux doctrines et au faux savoir scolastique ne doit pas s'étonner de rencontrer sans cesse des confrères de tous pays. S'il en manifeste le désir ils l'accueilleront fraternellement.

La société savante qui les réunit, dit-il, justifie auprès du public leurs échanges par lettres en Latin, leurs visites mutuelles et leur réunion annuelle. Il ne faut pas la confondre avec l'Ordre car comme les confréries jurées de métier il implique des obligations statutaires que tous les membres s'engagent à pratiquer.

– Michel Meyer, médecin de feu l'empereur d'Allemagne, a rédigé ses Constitutions, avec six statuts généraux. Par le premier chacun s'engage à exercer la médecine gratuitement pour tous donc à assister et secourir toute personne en maladie, en détresse ou en péril. Par le deuxième, à s'habiller à la mode du pays où il se trouve, à se conformer à ses lois, sa religion, ses mœurs et ses coutumes. Par le troisième, à s'assembler une fois l'an. Par le quatrième, à choisir des successeurs habiles et gens de bien à la place de ceux qui viendront à mourir. Par le cinquième, à prendre pour cachet ou sceau de la confrérie les lettres R. C. Par le sixième, à tenir la confrérie secrète et cachée pendant au moins cent ans pour la protéger des persécutions. L'assemblée générale de 1616 a voté ces statuts. L'Ordre se manifestera publiquement cent et un ans après, en 1717.

Tout cela ne peut qu'agréer au cavalier.

– En outre, par de nouveaux articles ajoutés en raison des errements de certains membres, les confrères s'obligent « à garder le célibat ». Cela signifie qu'ils refusent de prendre le parti de Maisons royales ou aristocratiques, des clans, des familles et de tout autre intérêt particulier, par mariage ou autrement, ce qui serait contraire à leur engagement d'œuvrer pour le bien général des hommes. Ils s'obligent à étudier la physique dans toutes ses parties, et plus particulièrement la médecine et la chimie.

À l'issue de cet entretien Descartes du Perron demande à Johannes Faulhaber de le parrainer auprès de ses confrères. Le mathématicien accepte de grand cœur et espère qu'ils voudront bien l'accueillir parmi eux.

Descartes est bientôt « inscrit sur le registre de l'Ordre », non écrit, car si un tel document était révélé au public par trahison il provoquerait la mort par le feu de beaucoup de ceux qui y figureraient. Puis il est admis dans l'Invisible Collège qui regroupe les savants les plus éminents de la confrérie.

Olympica, provisoirement abandonné par son auteur, ne sera jamais repris. Il entreprend une tâche urgente. Après son admission dans l'Ordre il a rencontré bien des érudits qui se débattent dans des difficultés insurmontables. L'alchimie symbolique est un support de réflexion efficace pour, selon l'adage attribué à Socrate, « se connaître soi-même », mais très insuffisant pour connaître « l'univers et les dieux ».

Pour leur venir en aide il décide de rédiger un traité en Latin, *Trésor Mathématique*, signé d'un pseudonyme, *Polybe le Cosmopolite*, dédié aux érudits du monde entier, et spécialement aux plus célèbres G.F.R.C., initiales latines de « Frères de la Rose+Croix Allemands ».

Il en trace le plan sous forme de manifeste. « Actuellement les sciences sont masquées. Les masques enlevés, elles apparaîtront dans toute leur beauté. À celui qui voit complètement la chaîne des sciences, il ne semblera pas plus difficile de les retenir dans son esprit que de se souvenir de la suite des nombres. »

Il ne le terminera pas. L'Histoire l'interpelle.

Lors de la Défenestration de Prague, en 1618, les hussites, disciples de Jan Hus, réformateur praguois brûlé par traîtrise lors du concile de Constance, et les calvinistes de Bohème exaspérés par les exigences de l'empereur d'Allemagne ont jeté les plénipotentiaires impériaux par les fenêtres. À la suite de ce tragique événement les princes Électeurs calvinistes et les États-Généraux de Bohème ont proposé la couronne de ce pays à l'Électeur palatin qui a commis l'imprudence d'accepter. Devenu Frédéric V, roi de Bohème, il ajoute au Palatinat, assisté des calvinistes d'Autriche, la Moravie, la Silésie et la Lusace unies à la Bohème par une Confédération générale.

Cette puissance est une menace pour les pays

catholiques et protestants luthériens. L'archiduc d'Autriche, empereur d'Allemagne élu, dépêche le comte de Furstenberg pour solliciter les secours du roi de France.

L'ambassadeur impérial extraordinaire constate que monsieur de Luynes, le favori de Louis XIII reçu duc et pair au parlement, a tous les pouvoirs. Le succès de l'ambassade dépend de lui.

L'intérêt de la France commande d'abattre la maison d'Autriche, sa rivale, et d'aider le Palatin, son allié, mais le duc de Luynes promet d'intervenir contre lui si son frère de Cadenet épouse mademoiselle de Picquigny de Chaunes, « l'une des plus riches héritières du siècle », le monde séculier, la fortune de l'Église s'avérant incalculable. Aussitôt l'ambassadeur impérial extraordinaire fait appel au marquis de Mirabel, représentant de l'Espagne, afin qu'il fasse pression, à Bruxelles, sur la marraine de la riche héritière, l'Infante Isabelle. Elle accepte cette union.

La menace d'une intervention de la France crée un émoi considérable dans l'Invisible Collège, car le nouveau roi de Bohème Frédéric V est l'un de ses membres. Johannes Faulhaber affirme que ce prince « entièrement pénétré des principes de l'Ordre veut fonder une république en tous points conforme à celle de Platon ».

– Il a fait de sa capitale, Heidelberg, une nouvelle Athènes peuplée de philosophes. Parmi ses splendeurs, il faut voir ses jardins suspendus, réplique de ceux de Babylone en plus merveilleux encore car il a chargé Salomon de Caus, éminent ingénieur membre de l'Ordre, d'imaginer et faire fabriquer des statues et des orgues animés par la force de la vapeur que, nouveau Prométhée, il a le premier osé enchaîner pour servir à ses desseins. De sorte que lorsqu'on entre dans ce jardin enchanté par une grotte qui figure la nouvelle naissance, on vit pleinement le mythe de la Caverne de Platon. Dès lors il était tout naturel que les États Généraux de Bohème, qui on sut secouer le joug des princes, se choisissent un aussi doux maître.

Il n'est que trop certain que les coalisés impériaux et royaux soutenus par l'or du Vatican veulent supprimer cette dangereuse utopie et que le Maître de l'Ordre, Maurice de Nassau, ne peut assister son allié car les Provinces-Unies néerlandaises emploient toutes leurs forces à résister aux armées impériales.

Sur les instances du duc de Bouillon, bâtard du feu roi Henri, qui presse le roi de France « de secourir le Palatin pour abaisser l'Autrichien », le duc de Luynes délègue une ambassade extraordinaire, dite Célèbre en raison de sa magnificence, menée par le duc d'Angoulême et l'abbé des Préaux, pour faire entendre raison aux princes rebelles. L'Ambassade Célèbre siège à Ulm, on y rencontre une foule de jeunes gens de qualité, car la suite des diplomates compte quatre cents chevaux. Elle se termine sur un échec.

L'Allemagne s'embrase. Le quart de sa population disparaîtra dans cette guerre de trente ans entre catholiques et protestants.

Par ordre du roi de France le comte de Bucquoy lève des mercenaires et incorpore dans sa cavalerie les cadets empressés de plaire au roi et de s'enrichir par le pillage. Son armée passe le Rhin pour se joindre aux troupes impériales.

Le sieur du Perron est volontaire. Il va utiliser ses connaissances militaires acquises aux Pays-Bas et son expérience de voyageur clandestin dans l'empire pour renseigner l'armée de Frédéric V sur la stratégie de ses ennemis par des relais connus des seuls membres de l'Ordre.

Le duc de Bavière a soumis les calvinistes autrichiens. Bucquoy et ses mercenaires prennent quantité de villes et de places. Par leur jonction les deux armées forment un corps de cinquante mille hommes. Les princes protestants luthériens qui « ne peuvent souffrir que les calvinistes se rendent maîtres d'un royaume et de trois grandes provinces » se sont alliés aux catholiques par la Confession d'Augsbourg. Leur général, l'Électeur de Saxe, s'empare de la Lusace et fait marcher ses troupes vers ses alliés impériaux pour les aider à réduire la Bohème. Les coalisés décident de converger sur Prague.

Le chevalier du Perron assiste à la prise d'une quinzaine de cités par l'armée impériale en attente de ces renforts. Il ne reste d'une région après le passage de ces soudards payés au butin que des fermes et des villages incendiés, des décombres de villes mises à sac avec, aux balcons, aux poutres des maisons et aux maîtresses branches des chênes des centaines, des milliers de pendus. Les malades sont assassinés dans leur lit, les vieillards et les enfants égorgés, les femmes violées et éventrées parmi les carcasses à demi dépecées du bétail abattu sur place pour nourrir les troupes. Pour suivre cette armée de massacreurs il suffit de se laisser guider par l'odeur de mort, elle prévient de loin qu'il y a peu il existait de la vie dans les parages. C'est « la politique de la terre brûlée ». Les champs, les prés, les forêts sont incendiées. Un mur de flammes accompagne les armées impériales. Nul ne doit survivre en ce désert calciné. Les impériaux entendent réduire leurs ennemis par la terreur.

Mais voici qu'apparaît le marquis d'Auspach, lieutenant général des armées de Bohème, à la tête de quinze mille hommes déterminés à barrer la route aux impériaux.

Le comte de Bucquoy brusque la décision.

– La saison déjà avancée et fort rude ne permet pas de s'amuser plus longtemps à former des sièges devant les places. Il faut gagner Prague à grandes journées avant l'hiver. Là se jouera le sort des rebelles.

Le chevalier du Perron informe le marquis d'Auspach de ce changement de stratégie. Les forces impériales et l'armée de Bohème se lancent dans une course-poursuite sans parvenir à se distancer.

Le samedi 7 novembre 1620 la marche sur Prague se termine. Les impériaux campent à une demi-lieue de la ville. Le lendemain, aux premières lueurs de l'aube, ils aperçoivent l'ennemi posté en défensive sur la Montagne Blanche devant les remparts.

En chemise et haut-de-chausses, les mollets et les cuisses moulés dans le cuir fin de bottes de cheval à talon haut, le comte de Bucquoy, bien que blessé dans un combat récent, revêt sa tenue de guerre. Son valet lace les lanières des cuissards, des bandes métalliques articulées suspendues à une ceinture qui couvrent le bas-ventre et le devant des jambes jusqu'aux genoux protégés par des coquilles. Puis il enfile sa cuirasse, un épais gilet d'acier rigide arrondi pour faire glisser les pointes de lance, et les spalières, des plaques d'épaule où sont fixés des cercles de métal empilés jusqu'à l'articulation du coude d'où part un avant-bras d'une seule pièce. À cheval cette armure est fonctionnelle, à pied il a l'aspect d'un insecte monstrueux, une sorte de polichinelle sinistre.

Il prend son casque, la salade, dont les côtés descendent jusqu'au menton par-dessus le hausse-col, et sort de sa tente.

La plaine grouille de silhouettes grotesques. Les cavaliers engoncés dans leur carapace de fer difforme viennent prendre les ordres. Le sieur du Perron se rend à la tente de commandement pour assister au conseil de guerre convoqué par le duc de Bavière.

Le Bavarois, en cuirasse délicatement ciselée ornée d'un immense col et de poignets en dentelles, barrée d'une grande écharpe de généralissime en dentelle de soie constellée de croix diamantées, tient son casque surmonté d'un splendide plumet de trois énormes plumes blanches sous son bras gauche. En main droite il brandit son bâton de maréchal.

Le comte de Bucquoy, assis sur une civière, résume la situation.

– Les rebelles grossis de dix mille Hongrois restent très inférieurs en nombre mais ils sont retranchés en position avantageuse et possèdent dix canons. Nous n'en avons aucun. Doit-on livrer bataille ?

Les officiers sont unanimes.

– Les hommes sont épuisés par des jours de marche forcée. L'ennemi possède une puissance de feu supérieure et il se bat sous les murs de Prague. Pour cet enjeu suprême il luttera jusqu'au bout avec l'énergie du désespoir. Il convient de ne rien hasarder.

Surgit alors un Carme déchaussé, le père Dominique d'Aragon. Il remet au duc de Bavière une épée bénie par le pape et promet la victoire si l'on attaque aujourd'hui dimanche, jour du Seigneur. On ne résiste pas à un membre de l'Ordre mendiant fondé sous les murs de Jérusalem lors de la première croisade ! Ces chevaliers ont juré de marcher pieds nus et de vivre d'aumônes jusqu'à la fin de leur vie si Dieu leur accordait la prise de la Ville Sainte. Depuis on dit que l'Esprit Saint éclaire leurs successeurs lorsqu'ils prophétisent sur la fortune de guerre.

Dans l'enthousiasme général les officiers du Bavarois jurent sur leur épée de vaincre ou mourir. Ils dépêchent des éclaireurs pour reconnaître les passages par où l'armée peut charger et se dégager si l'ennemi la presse.

C'est une catastrophe. Le chevalier du Perron ne peut faire prévenir le marquis d'Auspach de cette attaque car les impériaux se rangent déjà en ordre de bataille.

Le duc de Bavière tient l'aile droite avec les mercenaires français et wallons sous les ordres du comte de Tilly, maréchal de camp général. Le comte de Bucquoy, assis dans sa litière, dirige l'aile gauche avec Tieffenbach, maréchal de camp général, chef des troupes bavaroises. Les Croates et les Italiens sont tenus en réserve après l'arrière-garde en protection du bagage militaire.

Dès que les armées ont pris position le Carme, crucifix en main, s'élance à la tête de l'avant-garde pour animer l'assaut rythmé par les tambours.

L'offensive commence mal. À droite une contre-charge des Bohémiens enfonce les cavaliers et les fantassins du comte de Tilly. À gauche leurs dix canons foudroient les Bavarois de Tieffenbach. L'armée impériale reflue en désordre.

Le comte de Bucquoy, encore fiévreux de ses blessures, se fait mettre à cheval, rallie sa première réserve de cavalerie et en une seule charge dégage le comte de Tilly. Les Impériaux se reprennent. Pour ranimer leur courage le duc de Bavière les harangue, leur promet non pas trois, comme de coutume, mais six jours de pillage s'ils prennent la ville. Aussitôt les mercenaires « s'animent d'une nouvelle ardeur ».

Bucquoy fait avancer sa réserve générale à l'aile droite sous les ordres du duc de Bavière pour fixer l'adversaire par un simulacre d'attaque. Il regroupe tous ses escadrons de cavalerie et par une manœuvre tournante prend l'ennemi à revers. Un détachement galope à travers les méandres des fortifications de terre battue, obstacles en rondins et autres défenses hâtivement levées vers les dix pièces d'artillerie. En quelques coups de lance et de pistolet les servants tombent ou s'enfuient.

Les fantassins du Bavarois repartent à l'assaut de l'ennemi désorganisé et submergé par le nombre, le défont entièrement, s'emparent de cent trente-cinq enseignes, du camp entier du Palatin réfugié dans Prague avec ses officiers et de tout son bagage avec son trésor de guerre. Les impériaux ne comptent que quatre cents Bavarois et mercenaires morts ou blessés. Pour les « rebelles », le bilan de la bataille est terrible. Cinq mille combattants se sont fait tuer sur place, deux mille se sont noyés dans la Moldau en tentant de s'échapper. Des milliers de prisonniers de guerre sont pendus autour des remparts de la ville pour prévenir les habitants que toute résistance sera punie de mort.

Prague n'a plus de défense. Le lendemain, après la fuite de l'Électeur palatin, éphémère roi de Bohème, la ville capitule.

Le duc de Bavière et le comte de Bucquoy font leur entrée solennelle dans la cité conquise et se rendent en cortège à l'église des Capucins pour un *Te Deum* d'action de grâces. Après quoi, conformément à sa promesse, le Bavarois fait fermer les portes pendant six jours pour que les mercenaires pillent à leur aise. Défense de toucher aux biens des catholiques et des luthériens. Quant aux rebelles, il ne leur est laissé que la vie sauve et les vêtements qu'ils portent. À cette réserve près, impossible à faire respecter par des soudards assurés de l'impunité qui tuent à la moindre esquisse de protestation, on leur prend leurs biens meubles et immeubles, leurs avoirs et possessions, leurs bijoux, leur vaisselle, le plus humble objet domestique. On leur ôte absolument tout, y compris le libre exercice de leur religion.

Pendant que les spadassins vident leurs maisons de la cave au grenier, les torturent pour leur arracher leur magot trop bien caché, violent les mères devant leurs enfants, les jeunes filles devant leurs parents, et se livrent à « une foule d'exactions ordinaires aux temps de guerre », le sieur du Perron, redevenu Descartes depuis que la bataille est terminée, enquête.

Il cherche des instruments d'une valeur inestimable, les machines de Tycho Brahe. Avec ces appareils de visée capables de mesurer des angles avec une précision extrême, « conçus et fabriqués sous lui » le grand astronome danois a déterminé la position des étoiles et décrit le mouvement de la Terre et des autres planètes avec une exactitude inconnue à ce jour. Mais depuis sa mort ses machines ont disparu.

– Maître Tycho, comme l'appellent les savants, s'était fixé à Prague avec ses six enfants à l'incitation de son disciple Johannes Kepler qui l'avait fait pensionner par le défunt empereur d'Allemagne, prédécesseur de l'Autrichien. Il y a cinq ans un membre de l'Invisible Collège, le mathématicien Wilhelm Johannes, a recherché sa famille. Il n'en a pas trouvé trace, lui a dit Faulhaber.

Descartes se rend à l'hôtel de ville. Les magistrats municipaux ne savent rien, sinon que « le gendre de Tycho Brahe, le baron de Tengnagel, savant et homme de lettres, un rebelle, s'est enfui avec l'Électeur palatin ».

– Et les machines ?

Les magistrats se font évasifs.

– On dit qu'après la mort de l'astronome, feu l'empereur les a achetées vingt mille écus d'or à ses héritiers puis les a fait remiser sous la surveillance de gardes à gages avec interdiction de les montrer à quiconque de peur qu'il n'en soit fait mauvais usage.

– Johannes Kepler, mathématicien en titre de l'empereur, voulait les emporter en son hôtel de Ratisbonne, dans l'électorat de Bavière, mais il n'a pu les voir. Il s'en est plaint amèrement.

Après plusieurs jours de recherche Descartes apprend que les fameuses machines auraient été entreposées dans les caves de l'hôtel de Curtz. Il y court. Le bâtiment entièrement dévasté menace ruine.

– L'an passé, lui expliquent les voisins, quand l'armée rebelle est entrée dans Prague elle a pillé l'hôtel, propriété de la maison d'Autriche.

Malgré les dangers d'effondrement il visite les caves. Elles sont vides. Il s'éloigne, pensif. D'après Faulhaber, à partir de la théorie de Copernic et des observations précises de maître Tycho, Kepler a calculé les lois mathématiques qui régissent les mouvements des planètes sans regarder par lui-même leurs déplacements...

Certes, l'aspect apparent de la nature nous trompe. Faut-il pour autant priver ses sens du contentement procuré par la vision grandiose de ces millions d'astres répartis par tout l'Univers ?

Une énorme rumeur le tire de sa rêverie. Que de bruits, ce soir, dans Prague ! La ville est illuminée. Serait-ce des lueurs d'incendies ? Non. Ces cris de joie, ces airs de danse ? Pendant que chez les rebelles le pillage continue les catholiques et luthériens font la fête.

Il ressent l'étrange impression d'avoir déjà vécu ces instants. Il était seul, enfermé, avec, en fond sonore, des rumeurs de fête. La Saint-Martin, sa rencontre avec Beeckman, puis Aleaume, il y a trois ans... L'an passé, trois rêves prémonitoires l'ont visité. Il y a là un signe. Un message.

Soudain l'intuition jaillit dans sa sublime simplicité. Les mathématiques comportent trois sciences, l'arithmétique, la géométrie, l'algèbre. Qu'ont-elles en commun ? Le raisonnement mathématique. À partir de vérités évidentes ou vérifiées il permet d'aboutir à des vérités mathématiques plus complexes d'où l'on peut tirer par le même type de raisonnement des vérités toujours plus complexes. C'est le principe de la mathesis universalis...

Cette nuit-là, sur le cahier où il note ses pensées en Latin, il écrit « Aujourd'hui, j'ai découvert les fondements de la science admirable ».

Après six jours de mise à sac les portes de Prague sont ouvertes. Les cortèges des seigneurs de la Couronne de Bohème prêtent serment de fidélité et d'obéissance à l'empereur entre les mains du duc de Bavière, suivis des bourgmestres qui lui remettent les clefs de leur cité en signe de soumission. Dans les rues les officiers et les reîtres bradent leur butin à même la chaussée à une nuée de négociants, de maquignons, de courtiers en joyaux et orfèvrerie, de colporteurs, de fripiers, regrattiers et trafiquants de toutes les nationalités. Ces charognards, compagnons ordinaires des armées en campagne, s'abattent sur les villes sitôt conquises pour racheter à vil prix les dépouilles des vaincus.

D'un déballage à l'autre Descartes fouille les piles d'écuelles, les lots de marmites, les souliers et les bottes, les bijoux en vrac, les vêtements amoncelés entre un carrosse, une table et un lit. Échoppe par échoppe il interroge les orfèvres, les serruriers, les forgerons. En ces temps troublés on voyage en convoi sous bonne escorte. Aux portes de la ville il guette le départ des files de chariots chargés d'objets. Il questionne les trafiquants, examine leurs marchandises. Il recherche les inégalables machines de Tycho Brahe ou des morceaux, des fragments qui permettraient de les reconstituer. Il ne trouve rien, pas même un socle.

Un soir un moine l'aborde. C'est un disciple secret de Copernic. En latin, afin que nul ne les comprenne, il lui révèle que sa quête est inutile.

– L'entourage du défunt empereur était terrorisé par ces machines. Ses ministres croyaient que si un astrologue s'en emparait il prévoirait l'avenir avec une si grande exactitude que cela lui donnerait un pouvoir infini sur les événements et qu'il prendrait le commandement du monde. Après la mort de l'empereur ils ont fait détruire minutieusement ces « machines du diable » qu'il avait achetées à un prix exorbitant afin qu'il n'en reste rien. L'un d'eux s'est ouvert de sa décision à son confesseur qui nous en a informés, mais hélas, trop tard. Nous n'avons pu sauver que le grand globe d'airain. Nous l'avons caché dans notre monastère puis mis en sûreté en Silésie chez les jésuites.

En six semaines quarante villes de Bohème « se rendent à la discrétion du vainqueur ». Seules Tabor et Pilsen, où Mansfeld le Bâtard a retranché des fortes garnisons renforcées par des troupes hongroises, restent acquises aux rebelles.

Il ne reste plus d'ennemi notable à combattre, la mauvaise saison s'avance et il faut songer à fêter Noël.

Le comte de Tilly est nommé gouverneur de Prague avec une armée d'occupation de six mille hommes. Le duc de Bavière mène le reste de ses troupes à Munich. Les mercenaires du comte de Bucquoy font mouvement vers le sud de la Bohème pour y prendre leurs quartiers d'hiver. Mais la guerre n'est pas terminée puisque la Hongrie du rebelle Bethlen Gabor n'est pas vaincue.

Au printemps, saison des offensives, le cavalier du Perron « reprend le mousquet » pour une autre campagne. Fin mars, à quelques jours de son vingt-cinquième anniversaire, il signe un nouvel engagement dans le corps des mercenaires français et wallons du comte de Bucquoy, aux conditions de volontaire payé au butin afin de poursuivre sa mission de renseignement pour les rebelles.

En avril les vingt-deux mille reîtres du comte au service de l'empereur d'Allemagne passent la Morava et entament une marche triomphale et fructueuse vers la Hongrie. Chaque ville prise aux rebelles est livrée aux spadassins pendant trois jours. Presbourg se rend en mai, Tirnaw, Saint-Georges, Moder, Pefing, Rosendorf, Altenburg et quelques autres cités le long du Danube tombent, l'île de Schut est occupée. Le comte de Bucquoy assiège Neuhausel.

L'artillerie des impériaux servie par des spécialistes en guerre de places ravage la ville, mais elle n'est pas entièrement investie car le fleuve protège une partie des remparts et sur l'autre rive quatre mille Hongrois dépêchés par Bethlen Gabor et six mille mercenaires au service des rebelles sous les ordres du comte de La Tour campent en bonne position. Une porte de la ville donne sur la rivière et des barques acheminent renforts et munitions aux défenseurs.

Par contre les impériaux éprouvent bien des difficultés à se ravitailler sur le pays. Les auxiliaires chargés de cette besogne, un ramassis de déserteurs juste bons à dépouiller et à massacrer les paysans sans défense, se débandent dès qu'ils sont attaqués par des sorties d'assiégés. Bientôt la situation devient si critique que le comte de Bucquoy ordonne de tenir la cavalerie en état d'alerte. Il conduira la contre-attaque si les convois de ravitaillement sont pris dans une embuscade.

Le 10 juillet un corps hongrois de mille cinq cents chevaux se jette sur une corvée de fourrage escortée par un millier de cavaliers. Bucquoy et ses officiers galopent se mettre à leur tête. Le chevalier du Perron doit suivre.

Quand les renforts menés par le comte de Bucquoy parviennent sur le lieu des combats une énorme clameur de mort monte d'une colline où s'est dissimulé le gros de la cavalerie hongroise.

Leurs escadrons, lancés en rangs serrés, au galop de charge, piques baissées, se jettent sur les flancs du convoi. Sous le choc les renforts se disloquent. Le martèlement des sabots, le bruit sourd des cuirasses frappées en pleine vitesse, des corps qui tombent et rebondissent sur la terre des chemins, les hurlements d'agonie ponctués de détonations et de cris de ralliement, l'odeur de poudre brûlée affolent les chevaux de bât. Les fourrageurs s'enfuient, la mêlée tourne à la confusion, les animaux abandonnés se dispersent, coupent la trajectoire des cavaliers, les empêtrent, les bousculent, les démontent. Les pelotons étirés le long de la colonne, chargés, tirés de tous côtés, tentent de regrouper les hommes d'escorte isolés.

Le chevalier du Perron, pris dans la tourmente, se penche sur l'encolure de son cheval, exécute de brusques volte-face, à la recherche d'un passage. Contre les cuirasses, son épée est inefficace. Il pique les chevaux qui se cabrent, les lanciers désarçonnés s'adossent à leur monture, apprêtent leur pistolet, l'ajustent. Il leur échappe, esquive les attaques frontales, disparaît dans la mêlée. Les Hongrois qui ignorent qu'il est de leur bord se placent derrière lui pour le tirer au dos à brûle-pourpoint. Il sait obliquer à temps, bien des armes pointées sur lui font long feu, la poudre est mauvaise ou humide et les coups ne partent pas. La fortune de guerre le favorise. Il garde son pistolet chargé pour sortir d'une situation désespérée. Si son cheval bronche, il est mort.

Le marquis de Gonzague rassemble les renforts et les fuyards, ils percent jusqu'au comte de Bucquoy, à temps pour dégager le cavalier du Perron, trop tard pour sauver leur chef. Les Hongrois l'ont reconnu à son écharpe blanche de général et se sont acharnés sur lui. C'est un cadavre mutilé à coups de lance, haché de balles dont treize mortelles que le marquis place sur son cheval pour l'emporter au cantonnement.

La Hongrie et les provinces acquises aux rebelles sont sauvées.

Le corps déchiqueté du *condottiere* gît sur sa litière dans sa tente de commandement. Ses compagnons d'armes le veillent. Pour eux la guerre est terminée. L'armée va se désagréger car la mort du comte met fin au contrat qui le liait aux mercenaires. Ils organisent la retraite afin qu'elle ne se transforme pas en déroute.

Avec quelques soldats d'infortune le sieur du Perron gagne Breslau où se tiennent les États-Généraux de Silésie. Si l'assemblée décide de poursuivre la lutte il s'emploiera pour son armée. Mais le duché de Silésie « éprouvé, disent les « doléances et remontrances », par les ravages et cruautés de la guerre », fait sa soumission à l'empereur d'Allemagne. Les mercenaires reprennent la route. Derrière eux, leurs valets montés sur des mules tirent par la bride des chevaux chargés de leurs saccages et prises de bonne guerre. Ils traversent la Poméranie, pays « en grande tranquillité », et se hâtent vers la Marche de Brandebourg. L'Électeur Georges-Guillaume dispute les duchés de Juliers, de Clèves et de Berg à la maison de Neubourg appuyée par les Espagnols de Spinola.

Ses amis n'étant pas directement impliqués dans ce conflit, le chevalier du Perron renonce au service. Après quatre ans de milice il doit revenir en France où dans quelques mois l'attend son héritage maternel. Flanqué d'un valet il gagne Hambourg d'où un vaisseau marchand le mène à Emden. Par voie d'eau les voyages sont plus sûrs, plus agréables et plus rapides.

Fin novembre 1621, le chevalier du Perron loue une barcasse et son équipage pour quitter la West-Frise. Dans l'embouchure de l'Ems le vent tombe. La barcasse emportée par le jusant taille lentement sa route dans la brume sur la mer immobile. Le pilote navigue à vue, serrant la côte au plus près.

Descartes, assis sur un banc de nage, enveloppé dans son manteau de voyage lourd d'humidité marine, observe les oiseaux de mer. Son valet est inquiet. Les quatre hommes d'équipage groupés autour du patron, à la barre, ressemblent fort à des pirates ou des maraudeurs, ces paysans victimes des guerres d'Allemagne qui ont vu leurs parents, leurs femmes, leurs enfants pendus, violées, massacrés par les soudards. Les fourrageurs ont saccagé leurs champs, volé leur bétail, brûlé leurs récoltes et leurs maisons. Fous de malheur, ils suivent les armées ennemies pour en tirer vengeance et subsistance. Ils détroussent les cadavres, achèvent les blessés à coups de bâton, égorgent les déserteurs, les pillards attardés. Entre chaque campagne ils se dispersent en petites bandes errantes qui rançonnent les fermiers, dépouillent marchands et voyageurs au hasard des rencontres en laissant une traînée sanglante de corps torturés à mort.

  Le valet scrute le rivage. Il n'y voit pas trace d'activités humaines. Sur la côte déserte les bois succèdent aux prés salés. Les deux passagers de la barcasse ne peuvent espérer aucune aide. Son jeune maître, inconscient du danger, lui parle de la nature, explique ses lois, ses mystères. À vingt-cinq ans il semble plus savant que tous les professeurs d'université réunis ! Mais le valet n'écoute plus, il a peur. Pourquoi se sont-ils aventurés dans ce pays désolé ? Pourquoi ont-ils loué ce bateau fantôme pour eux seuls au lieu de continuer leur voyage en groupe ? Quelle folie, ils n'en sortiront pas vivants !

  À l'arrière, les mariniers tiennent conseil.

  – Personne ne les connaît à Emden et à Delfzijl personne ne sait qu'ils sont à bord. Il suffit de les assommer, de les dévaliser, de jeter leurs corps à l'eau, il n'y aura personne pour nous dénoncer.

Ils ramassent une hache, une perche ferrée, un aviron. Descartes bondit, tire son épée, marche sur eux. Stupéfaits, puis terrorisés par la lame nue qui les menace, ils sautent par-dessus bord, sauf le pilote resté à la barre, et fuient à la nage vers le rivage proche.

Ces mariniers maraudeurs ont eu tort de tenter de dévaliser un vétéran des guerres d'Allemagne, un espion qui parle leur langue et la plus fine lame d'Europe !

À Noël, Descartes est à La Haye. Il fréquente assidûment les trois petites Cours, celle des États-Généraux des Provinces-Unies, celle de l'Électeur palatin vaincu devant Prague et celle de Maurice de Nassau, Prince d'Orange, où il fait son rapport sur les événements d'Allemagne.

Il entreprend les belles Hollandaises. Il aime ces femmes, fines, longues, élancées, charnelles, leur féminité sans mollesse, leurs seins hardis, leurs hanches bien dessinées, leur taille mince, leurs attaches délicates, ce léger contraste entre la carnation de leur visage, à peine hâlé, ambré par le soleil et les vents marins, leur corps si blanc et leurs cheveux blonds. Il les séduit, lui, le beau ténébreux ! Il les étourdit de prévenances, d'attentions, de galanteries françaises, les traite en reines, en déesses, les surprend, les fait rire et comme toujours passe de l'une à l'autre. Sous ces dehors de jeune insouciant, Descartes du Perron prépare une importante mission d'espionnage.

Début février, il se rend à la cour de Bruxelles. Après la mort de son mari, l'archiduc Albert, l'Infante Isabelle a pris le voile chez les religieuses de Sainte-Claire. Elle n'en mène pas moins la lutte contre les Pays-Bas, ce repaire de républicains hérétiques, avec l'énergie farouche d'une croisée. Le cavalier du Perron, fort de son passé de mercenaire apparemment au service des impériaux et de l'appui de ses relations mondaines si brillamment obtenues à la Haye, collecte des renseignements d'importance sur le dispositif stratégique ennemi de la bouche même du chef des armées de l'Infante, qui se vante de balayer les rebelles en une campagne et donne volontiers des détails pour briller devant les belles que le sieur du Perron convie à sa table. Par un réseau d'amis sûrs il transmet ces renseignements à l'état-major du Prince d'Orange.

Cette mission heureusement terminée, il songe à regagner la France. On lui apprend que la peste sévit à Paris depuis deux ans. La noblesse et la bonne bourgeoisie ont fui la capitale, la cour est à Fontainebleau. Il décide de gagner la Bretagne par le Nord, le plus au large possible de la ville empestée et de ses milliers de morts.

Chapitre 4

L'ESPION REBELLE

À la mi-mars le seigneur du Perron est de retour dans la maison paternelle, à Rennes, après sept ans d'absence et de silence.

L'enfant prodigue fait sonner ses éperons sur le délicat parquet de l'hôtel particulier et heurte de sa rapière les meubles de monsieur son père. Au débotté il réclame sa part de l'héritage maternel, convoque son frère Pierre, exprime ses exigences, impose des échéances.

Dans quelques jours il aura vingt-six ans, il entend passer aux actes, que les notaires préparent les dossiers ! D'ailleurs il va les visiter lui-même. Il veut vendre et il est pressé.

Le digne fils aîné de son père voudrait conserver l'indivision afin d'hériter de lui au cas fort probable où il périrait au combat. Mais comment faire ? S'appuyer sur l'autorité du chef de famille ?

Joachim Descartes, prudent, ne veut pas affronter ce soudard. Leur sœur Jeanne, qui l'aime tendrement, s'en remet à lui...

En deux semaines, l'affaire est débrouillée, l'inventaire dressé, les biens estimées, les parts de chacun évaluées. Le 31 mars 1622, trois jours après sa majorité légale, René Descartes signe contrat avec ses cohéritiers. Son frère Pierre accumule les conventions notariées. Il veut en finir au plus vite et accepte ses conditions. « Je soussigné m'oblige à M. Pierre Descartes, Conseiller du Roi au Parlement de Bretagne, mon frère, de ne vendre point les biens compris en la procuration qu'il m'a donnée ce jour à moindre prix que la somme de huit mille écus sols, à savoir, dix mille livres la maison et jardin de la ville de Poitiers et quatorze mille livres les terres sises à Availles, si ce n'est par son consentement. » *René Descartes*.

Il part aussitôt en Poitou, visite ses terres, les estime au plus haut, recrute des traitants pour les vendre. Mais la *furia francese* du chevalier du Perron se heurte à la tiède prudence des négociants. Face à un vendeur pressé il suffit d'attendre pour faire baisser les prix. Il accepterait pour en finir au plus vite mais il est prisonnier de cette clause draconienne. Au moindre écart son frère obtiendrait facilement une lettre de cachet. Il sait assez de droit depuis l'université de Poitiers pour savoir que sa mise en liberté serait échangée contre une incapacité civile, son cher père déclaré tuteur de son fils réputé incapable et son frère nommé subrogé tuteur seraient chargés de gérer leur héritage commun pour l'empêcher de le brader.

Mais en consultant les archives des notaires il découvre que sa mère a hérité de rentes dont son père n'est qu'usufruitier, comme le prouve la copie certifiée de documents notariés. Le 22 mai il réclame son dû dans une lettre de mise en demeure. Amère surprise pour Joachim Descartes. Il croyait lui avoir caché l'état exact de la fortune familiale, mais ce vagabond, fils dénaturé de magistrat, est aussi bachelier et licencié en droit. Il faut lui servir sa rente. Descartes du Perron a loisir de visiter sans gêne sa nombreuse parenté à Châtellerault et Poitiers.

Enfin l'air de Paris corrompu par l'épidémie de peste pendant trois ans s'assainit. Il écrit à ses amis Mersenne et Mydorge qu'il gagne la capitale « pour y prendre des nouvelles de l'État et de la littérature ». Les guerres d'Allemagne, les victoires des Bohémiens de l'armée de Mansfeld le Bâtard, la ruine de Frédéric V, le transfert de son Électorat au profit du duc de Bavière, nommé Archipanetier de l'empire à Ratisbonne, dans le Haut-Palatinat, où les alliés de l'Espagne renforcés par les erreurs politiques de la France ont triomphé, constituent le fond des conversations dans les salons. Le plus instruit des Français sur ce sujet, le sieur du Perron, se trouve à même de satisfaire la curiosité des Parisiens. Il se taille un succès mondain considérable.

Le public, lui, se passionne pour une nouvelle tout à fait extraordinaire, l'arrivée des Frères de la Rose+Croix à Paris. Il en a été avisé par des affiches apposées sur les édifices aux coins des rues qui tiennent un bien étrange discours.

Nous, députés du collège principal des Frères de la Rose+Croix, faisons séjour visible et invisible en cette ville. Nous montrons et enseignons sans livres ni marques à parler toutes sortes de langues des pays où nous habitons.

Les bons esprits se moquent de l'émoi populaire, d'autant plus grand que leur arrivée coïncide avec celle des Alumbrados, les Éclairés d'Espagne. Les doctes pédants de la Sorbonne, consultés par le prévôt de Paris, déclarent tout ignorer de ce Collège principal. Ces annonces extravagantes sont l'œuvre de libertins bouffons ou d'étudiants farceurs !

Le séjour invisible des députés du Collège de la Rose+Croix leur vaut le surnom d'Invisibles. Des libellistes en font des romans comiques, des fables morales, des chansons vendues sur le Pont-Neuf, des farces à l'italienne. Au théâtre de l'hôtel de Bourgogne les bourgeois s'amusent en regardant un valet devenu Frère de la Rose+Croix faire un séjour invisible en la maison de son maître pour le bastonner à son aise sans qu'il puisse voir d'où viennent les coups.

Un matin les Parisiens découvrent sur leurs murs un autre avis.

« S'il prend envie à quelqu'un de venir nous voir par curiosité seulement, il ne communiquera jamais avec nous. Mais si sa volonté le porte réellement et de fait à s'inscrire sur le registre de notre confraternité, nous qui jugeons des pensées, lui feront voir la vérité de nos promesses. Tellement que nous ne mettons point le lieu de notre demeure, puisque les pensées jointes à la volonté réelle de celui qui lira cet avis seront capables de nous faire connaître à lui, et lui à nous. »

Des personnes informées et dignes de foi authentifient ce texte par le sigle R.C. et les différents sceaux qui l'entourent. Et bientôt l'on murmure dans tout Paris que sur les trente-six députés envoyés dans toute l'Europe par le Collège de la Rose+Croix, six sont en France, logés au marais du Temple chez un financier mécène de la troupe du théâtre du Marais dirigée par Mondory, le créateur des premières pièces de Pierre Corneille, dont *Le Cid*. On comprend pourquoi la troupe concurrente de l'hôtel de Bourgogne se moque des Invisibles !

Ces « gens bien informés » en rajoutent.

— Ses deux comédiens principaux, Lenoir et sa femme, une fort jolie personne, ont longtemps animé les soirées théâtrales à la Cour du prince d'Orange Nassau, le chef de ces Rose+Croix invisibles...

Les mouchards du prévôt de Paris se surpassent, les colporteurs de ragots se déchaînent, on extrapole, on imagine, on affabule.

– Le sieur du Perron, fameux savant aventurier, est arrivé à Paris en même temps que ces députés sans raison précise d'y venir après des années d'absence, des années passées en Allemagne et en Hollande où ceux de la Rose+Croix sont en nombre. Quel curieux hasard !

– Dans ses lettres interceptées et copiées par la police royale il a écrit sur ces médecins, physiciens et alchimistes...

L'opinion publique manipulée par ces rumeurs se prend de peur panique. Le parti dévot paye des provocateurs pour lancer une campagne de calomnie.

– Ces textes menaçants où ils affirment leur puissance, ces symboles mystérieux probablement diaboliques, n'est-ce pas la preuve qu'ils ont signé un pacte avec le démon ?

– Les Invisibles fréquentent l'hôtel du financier mécène de Mondory. Et l'on n'a jamais su d'où il tient sa fortune.

– Ces alchimistes ont–ils découvert la Pierre philosophale qui transforme le plomb en or ?

– Sûrement ! Ils acceptent des juifs parmi eux parce qu'ils leur ont confié l'Ultime Secret...

– Ceux qui veulent transformer le plomb en or doivent renoncer au baptême et se donner au diable en profanant des hosties consacrées...

– Une seule pénitence peut les sauver des flammes éternelles, l'amende honorable à genoux sur le parvis de Notre-Dame avant de brûler sur le bûcher du Saint Tribunal de l'Inquisition et confiscation de leurs biens !

Les « bons catholiques », les dévots, croient au diable. Ils sont persuadés qu'au moindre péché mortel non absous le démon va les tirer par les pieds en enfer et torturer éternellement leur âme. Le clergé les laisse dire, « la peur du diable est le commencement de la sagesse », répètent les bons apôtres. Ils sont là pour intercéder auprès du Ciel afin de les envoyer au purgatoire contre finance. Ces « indulgences », « le pain des moines », sont la meilleure source des colossales fortunes accumulées par l'Église.

« À Paris, il faut se méfier de la peste, qui tue tout le monde, et de l'intolérance, qui frappe des poètes », écrit Jean-Louis Guez de Balzac, premier épistolier de France, à son ami l'abbé de Cour et poète mondain Le Métel de Boisrobert, bisexuel comme Théophile de Viau, « à qui, ajoute Balzac, l'on reproche d'avoir violé la chasteté de notre langue et appris aux Français des vices étrangers et inconnus à leurs pères ». Sur plainte des théologiens de la Sorbonne Théophile a été condamné par le Parlement à brûler vif avec ses livres impies. « Au sujet de notre ami, ajoute Balzac, j'ai peur que sa fin ne soit pas naturelle s'il ne meurt bientôt de sa quatrième vérole. Voici la deuxième fois qu'il est sorti de Paris par une brèche et qu'il s'est sauvé d'un aussi grand embrasement que celui de Troie. »

Théophile s'est nuitamment enfui grâce à la complicité de libertins, mais ses livres ont brûlé en public. Balzac, terrifié, renie son ami de jeunesse et son séjour aux Pays-Bas. « Et certes puisque même aux choses indifférentes la nouveauté est blâmée, et que les Rois ne quittent point les Lys pour prendre des Tulipes en leurs armes, il n'y aurait pas grande apparence que depuis le commencement du monde la Vérité l'ait attendu pour venir se découvrir à lui au bordel et à la taverne. » Comme toutes les missives du premier épistolier de France, lues dans tout Paris, il les écrit pour cela, cette lettre résonne comme une mise en garde pour son ami du Perron.

L'évêque de Luçon, futur cardinal de Richelieu, disgracié depuis la chute de Concini mais soutenu par sa maîtresse la reine-mère, entreprend la reconquête du pouvoir. Il a besoin de l'appui des ultras de la Contre-réforme menée par la très puissante, très dangereuse et très secrète compagnie du Saint-Sacrement qui poursuit également de sa haine fanatique les libertins, tel Théophile de Viau, et les libres penseurs, dont le philosophe illuminato (« éclairé ») italien Giulio Vanini, brûlé à Toulouse en 1619 pour athéisme et magie.

Richelieu ordonne à Gabriel Naudé, membre du « cabinet noir », le service secret de Son Éminence, d'écrire un pamphlet, *Instructions à la France sur la Véritable Histoire des Frères de la Rose+Croix*. En prenant à la lettre le récit symbolique de Johannes Bringern et en citant des extraits de ces « pratiques magiques et diaboliques » cela suffit à broder une doctrine officielle. Ainsi les intégristes de la Contre-réforme sont persuadés qu'avec Richelieu ils feront entrer l'un des leurs au Conseil du roi. Grave erreur, il ne sert que sa volonté d'accéder au pouvoir.

Le sieur du Perron, soupçonné « d'être de la Rose+Croix », est placé sous haute surveillance par les serviles théologiens en Sorbonne et les sbires de la police. Ses amis l'apprennent, insistent sur la gravité de ces charges qui mènent droit au bûcher. Il est en danger de mort, il faut qu'il quitte Paris, qu'il se cache en province. Fuir, lui ? Non, il se montre dans tous les salons. Il y fait une entrée fracassante. Les conversations cessent, les gens s'écartent, le dévisagent. Il s'exhibe un moment en silence, au milieu du salon, écarte les bras, tourne sur lui-même et déclare posément.

– On prétend que je suis l'un des Invisibles. Comme vous le voyez il n'en est rien puisque je suis visible. Quant aux Invisibles, je n'en ai jamais vu puisqu'ils sont invisibles.

Les personnes sensées en rient. Les autres n'en pensent pas moins mais se gardent bien de le contrarier. Entre le danger occulte des invisibles et son épée bien réelle, ses ennemis choisissent de se taire.

Il lui faut encore calmer le père Mersenne, « incroyablement chagriné par ce faux bruit », lui dit son ami Mydorge. Le savant Minime, en proie à une intense agitation, lui confie les épreuves de son gigantesque livre dédié à Jean-François de Gondy, nommé premier archevêque de Paris qui vient d'être élevée au rang de siège archiépiscopal par une bulle du pape Grégoire XV que le parlement n'a pas encore vérifiée et reçue.

Sous le titre très flou de *Questions sur les six premiers chapitres de la Genèse*, Marin Mersenne traite mille sujets et critique Robert Fludd et son *Apologie de la Rose+Croix* publiée en 1616 à Leyde, en Hollande. Il peine à contenir son indignation.

– Ce gentilhomme anglais a quitté la profession des armes pour embrasser l'étude de la physique et particulièrement la médecine, la chimie, la Kabbale, la magie et autres disciplines de cette science, ainsi que tout ce qui peut se trouver de mystérieux dans la nature. Et cet hérétique insulte Aristote sous couvert de critiquer Kepler !

Descartes tente de modérer son zèle.

– À quoi bon lancer cette dispute ? Cela n'en vaut pas la peine. Les querelles de savants sont inutiles. Mieux vaut se préoccuper de science.

Mais le premier tome du colossal ouvrage de Marin Mersenne est sous presse et il est déçu de ne pas avoir l'appui « du plus grand mathématicien que Dieu ait créé ».

Les amis de Descartes s'inquiètent. Conformément aux statuts de l'Ordre la venue à Paris d'une délégation de l'Invisible Collège devrait être « secrète et cachée ». Que signifie l'annonce publique de l'arrivée de « députés du Collège principal » ? Qui sont les auteurs des affiches qui traumatisent les naïfs et les dévots ? Si elles sont dues à des dissidents ou des exclus de l'Ordre qui ont créé une confrérie sous le nom de Rose+Croix, le danger est limité. Mais si elles sont imprimées par la police de Richelieu à partir de textes et de symboles authentiques pour provoquer une psychose collective, cela signifie que l'Ordre est infiltré par des mouchards. Les rumeurs sur le théâtre du Marais et son mécène prouvent que certains adeptes de l'Ordre sont connus et suivis dans tous leurs déplacements par le « cabinet noir ». Il est fort probable qu'avec ces affiches il tend un piège à ceux qui ne sont pas encore identifiés. Or ils ne sont plus en sécurité hors des Pays-Bas car depuis la défaite de la Montagne Blanche devant Prague en 1620, la répression s'aggrave.

En Espagne l'Inquisition a publié un « édit de grâce » qui appelle les Alumbrados de Séville à se dénoncer eux-mêmes et mutuellement dans les trente jours et pour échapper à l'autodafé (acte de foi) à reconnaître en public soixante-seize erreurs. Au Portugal, le bourreau leur arrache les muscles avec des tenailles chauffées au rouge, châtiment ordinaire des « crimes de lèse-majesté divine ou royale ». Dans les länder du Saint-Empire Romain Germanique les Illuminaten brûlent en place publique. En France ceux de l'Ordre qui sont menacés d'être découverts et déférés devant les tribunaux ecclésiastiques passent les Alpes. Après bien des difficultés et des souffrances pour les plus âgés ils se réfugient en Toscane sous la protection du grand-duc de Toscane Ferdinand II de Médicis, Maître des Illuminati italiens.

Moins de deux mois après son arrivée dans la capitale le sieur du Perron doit par prudence regagner le Poitou. Les deux grosses métairies viennent justement de trouver preneur à bon prix, il peut vendre la terre du Perron en conservant le titre nobiliaire attaché à ce fief que son acheteur, Abel de Couhé, sieur de Châtillon et de La Tour d'Asnières, déjà bien pourvu, abandonne contre remise. Il reste Descartes du Perron, mais le cardinal du Perron est mort prématurément de la vérole et il ne peut plus s'appuyer sur une parenté imaginaire pour refaire carrière à Paris.

Mais un sien parent côté maternel, monsieur Sain, son parrain, meurt brusquement. Ce Contrôleur des tailles, les impôts, à Châtellerault, était devenu Commissaire général aux vivres pour l'armée des Alpes. Sa veuve adore le cavalier du Perron et déteste son père. Elle lui propose de mettre en ordre la succession de son époux, « quelque peu confuse et embrouillée » à cause des marchés militaires obtenus par intrigues, pots-de-vin et dessous-de-table inextricablement emmêlés. Elle lui promet une honnête commission et quelques appuis afin d'obtenir la charge fort lucrative de feu son époux.

Pourvu de toutes les procurations nécessaires pour conclure ces délicates affaires, il part mais ne s'arrête que fort peu de temps auprès de l'état-major de l'armée des Alpes. Il traverse la Suisse, rustique pays d'élevage, le seul en Europe à être en paix depuis sa défaite à Marignan voilà plus d'un siècle. Il fait une halte dans les Grisons puis en Valteline, où il s'attarde.

Sous le prétexte habituel de « protéger les catholiques menacés par les protestants », l'Espagne, puissance occupante en Italie, a enlevé cette province aux Grisons en 1619 pour permettre le passage de ses armées à travers l'Autriche et l'empire vers les Flandres espagnoles. Le seigneur du Perron visite la région en dilettante puis le Tyrol autrichien en flânant d'une ville à l'autre jusqu'à

Innsbruck où il ne manque pas de saluer le chargé d'affaires français auprès de l'archiduc d'Autriche Léopold. Enfin, comme il l'a annoncé, il se rend à Venise pour assister aux épousailles du nouveau doge avec la mer Adriatique. C'est sur une galère entièrement dorée que le nouvel élu jette un anneau d'or dans les flots en signe d'union éternelle de la ville avec la mer protectrice et nourricière qui depuis toujours enrichit les Vénitiens par le commerce maritime. Cette grandiose et aquatique cérémonie terminée, après avoir assisté aux joutes nautiques et aux jeux d'eau, le sieur du Perron se rend à Milan.

Pendant qu'il se livrait aux jeux mondains les plus voyants, l'expert en fortifications et guerre de siège passait inaperçu. Il a secrètement relevé l'état des troupes, des matériels, des ouvrages défensifs de l'Autriche et de l'Espagne pour le compte de l'armée des Alpes. Sur la foi de son rapport remis au chargé d'affaires français à Innsbruck, l'armée du marquis de Cœuvres envahit la Valteline. Parfaitement renseigné sur l'importance des garnisons et de leur cavalerie, la valeur des ouvrages et leur artillerie, il divise ses forces, attaque simultanément les places fortes et chasse les Espagnols et les Autrichiens de cette province en moins de huit semaines, ce dont se plaint officiellement le Saint-Siège et ce que souhaitait Richelieu, qui combat la maison d'Autriche.

L'offensive a été si rapidement menée que le cardinal, qui vient d'être nommé Chef du Conseil royal, peut s'excuser auprès du pape et affirmer que son général « a outrepassé ses instructions ». « Le temps de lui faire parvenir un contre-ordre, écrit-il au Saint-Père, le marquis s'est avancé et ne peut se retirer sans compromettre sa sécurité. » Mais il s'engage à maintenir ses troupes dans la Valteline pour « protéger les catholiques ».

Le sieur du Perron, assuré que les armées espagnoles des Flandres en guerre aux Pays-Bas sont coupées de leurs renforts stationnés en Italie par l'intervention française, termine son « voyage d'étude » du dispositif militaire ennemi dans le nord de l'Italie par un pèlerinage à Notre-Dame de Lorette, à Loreto, dans la province italienne d'Ancône, « en exécution d'un vœu prononcé lors des guerres d'Allemagne quand il découvrit le principe de la science admirable », dira-t-il. De retour auprès de l'armée des Alpes il règle les affaires de son oncle et parrain. À sa prime sur la commission de sa tante s'ajoute la solde de sa mission de renseignement.

Mais la charge d'intendant aux armées lui échappe. C'est le protégé de la comtesse de Sault, Claude de Bullion qui l'a obtenue. Il finira au Conseil du roi. Contre les intrigues de la cour, que pèse un héros inconnu ? Mieux vaut faire état de puissantes protections politiques.

Peu avant Noël 1624, Descartes du Perron se rend à Rome parmi une foule prodigieuse de pèlerins. Car il n'est pas de nouvelle plus considérable dans le monde catholique que celle du jubilé pour les vingt-cinq ans du XVIIe siècle. Le pape Urbain VIII a publié une bulle prescrivant de surseoir et suspendre absolument toutes les indulgences, de toutes natures, afin de rendre ce jubilé plus nécessaire et attirer les pénitents à Rome où le pape les accordera à tous. Leur nombre est pourtant moins grand qu'au jubilé séculaire de 1600, sans doute à cause de l'épidémie de peste qui accable la ville et ses environs et des rumeurs de guerre. Mais tous les princes mendiants du Saint–Empire sont là. L'archiduc Léopold, menacé par la France, Ladislas, prince de Pologne candidat au trône, et tant d'autres, tributaires de la richesse de l'Église, processionnent respectueusement derrière le pape et les cardinaux. L'or du Nouveau Monde taché du sang du génocide indien, déversé au pied du trône pontifical par les rois espagnols pour le salut de leur âme, achète les Grands et paye les condottieres et leurs mercenaires qui massacrent et pillent villes et campagnes pour prolonger le rêve en lambeaux du Saint-Empire Romain Germanique. Rome grouille d'espions, de créatures à vendre, d'agents simples, doubles, triples, de diplomates mêlés aux affaires d'argent et de négociants occupés de politique.

Sa réputation de savant proclamée par ses maîtres jésuites permet à du Perron de s'appuyer sur la compagnie, très puissante au Vatican.

– Les Espagnols occupent une partie de l'Italie et semblent être les maîtres de la cour pontificale par leur nombre comme par leur crédit auprès des banquiers lombards, lui dit l'un des révérends pères.

Ce « semblent être les maîtres de la cour pontificale » incompréhensible pour qui n'a pas suivi leurs cours de rhétorique signifie que pour se libérer de la « protection » de l'armée espagnole et de la pesante tutelle de l'Espagne le pape Urbain VIII mène un jeu politique serré entre les puissances catholiques rivales.

Quand Sa Majesté Catholique espagnole prie le Saint-Père d'intervenir dans le conflit en cours, il décide par un bref daté du 16 mars 1625 d'envoyer pour légat son neveu, le cardinal Barberini, auprès du Roi Très Chrétien français pour le prier de remettre la Valteline et tous les forts pris par ses troupes entre les mains de Sa Sainteté afin qu'elle échappe aux Grisons hérétiques, prétexte invoqué par l'Espagne et par la France pour intervenir.

Louis XIII, averti par les cardinaux gallicans, français, mande son ambassadeur, Monsieur de Béthune, pour signifier au Saint-Père que cette visite « ne lui sera pas agréable ».

– Nous le savons, dit le pape Urbain VIII au diplomate, mais par cette demande nous voulons exprimer publiquement notre sollicitude pour les intérêts de sa Majesté Catholique.

L'ambassadeur, qui redoutait la réaction du pape, peine à cacher sa surprise et prend congé. À force de double, de triple jeu, personne ne comprend la machiavélique politique du nouveau vicaire du Christ !

Les jésuites, à l'aise dans les méandres de cette ténébreuse diplomatie, affirment à Descartes du Perron qu'il serait bon qu'il salue le cardinal-neveu avant qu'il se rende en France pour une mission si importante. D'autant, précisent-ils, qu'il aime par-dessus tout l'entretien des savants.

Le cardinal Barberini le reçoit avec bienveillance, ne le tient pas quitte d'une visite et de compliments superficiels car il goûte fort sa science, le prie de l'honorer de son amitié, lui offre des livres forts rares et forts chers, l'assure de son dévouement en toute circonstance et le prie de poursuivre ses assiduités auprès de lui.

En avril, accompagné d'hommes de science et de conseillers politiques, le cardinal-neveu légat débarque à Marseille et remonte le Rhône, car les voies d'eau sont infiniment plus confortables que la route. Descartes du Perron « instruit de certains secrets diplomatiques et militaires », parti avant lui pour la Toscane, ne manque pas, sur sa recommandation, de se rendre à Florence pour saluer le grand-duc et le cercle de savants, artistes et musiciens de sa Cour. Mais il n'a pas le loisir de visiter Galilée. La guerre s'allume entre la République de Gênes alliée de l'Espagne et le duc de Savoie Charles-Emmanuel, beau-frère de Louis XIII. Le vétéran des guerres d'Allemagne et des Pays-Bas est chargé de « relever l'état des défenses et garnisons des places fortes et citadelles génoises ».

Pour appuyer les Savoyards le roi de France leur dépêche un chariot de pièces d'or et dix mille hommes sous le commandement du connétable de Lesdiguières. À quatre-vingt-cinq ans il reste un meneur d'hommes. Au vu des renseignements envoyés par le sieur du Perron il prend la tête de son avant-garde, bat divers partis espagnols, napolitains et milanais, s'empare de Capriata, de Novi et assiège Gavi. Il défait un renfort de mille hommes envoyé par le gouverneur de Milan, taille en pièces trois cents hommes de la garnison sortis des fortifications pour l'attaquer à revers et dans la foulée se rend maître de la ville.

C'est devant la citadelle bâtie sur le massif de l'Apennin, réputée imprenable, que Descartes du Perron rejoint son armée. Au temps de François Ier le pirate barbaresque Khizir Khayr ad-Dîn, dit Barberousse, n'a pu emporter la redoutable forteresse. Le connétable affirme que « Barbe grise fera ce que Barberousse n'a su faire ».

En hissant une batterie d'artillerie sur le haut de la montagne il serait possible de battre les fortifications, les ouvrages, les remparts, mais la voie qui mène au sommet est impraticable. L'ancien cadet de Maurice de Nassau a appris le génie militaire aux Pays-Bas. Il fait élargir le sentier de mule, étayer en surplomb les parties trop étroites, jeter des passerelles sur les crevasses, et bientôt deux canons sont pointés sur les fortifications. Une noria de mulets les approvisionne en boulets et tonnelets de poudre. Les pièces d'artillerie tirent nuit et jour en alternance sur les bâtiments et la cour de la forteresse. Ses défenseurs doivent se réfugier dans les caves. Trois semaines après il écrit à madame Sain, sa tante, que « le gouverneur de la citadelle, découragé, harassé par ce bombardement incessant, a rendu la place par capitulation ». La forteresse imprenable est prise !

Après cet exploit il participe avec les armées française et savoyarde à la prise de cent soixante-quatorze places fortes. Le passage vers le nord est verrouillé, les troupes espagnoles d'Italie ne peuvent plus renforcer Impériaux en guerre contre les Pays-Bas et les rebelles de Bohème et de Hongrie.

À la cour du duc de Savoie, à Turin, le sieur du Perron « a la satisfaction de rendre ses devoirs » à la duchesse, la princesse de Piémont Christine de France, sœur de Louis XIII. La fille d'Henri IV goûte fort le récit des exploits de l'armée d'Italie qui lui rappelle ceux de son père pendant sa guerre de conquête du trône .

Vers le milieu du mois de mai du Perron passe les Alpes pour revenir en France. Dans sa solitude retrouvée, face à cette nature toute-puissante, il redevient René Descartes, multiplie les observations, met au point une méthode simple, rapide et sûre pour mesurer la hauteur des sommets par triangulation, examine les effets de l'altitude, formule des hypothèses sur l'origine et les effets des éclairs, du tonnerre et des dangereuses coulées de neige que les montagnards nomment « lavalanche », note-t-il sur son carnet de voyage.

De Lyon il prend la poste vers le Poitou pour rendre ses comptes définitifs à sa tante, madame Sain. La veuve du commissaire aux armées les approuve et lui propose une affaire. Le lieutenant-général du lieu veut traiter sa charge, il est pressé de s'en défaire pour en acheter une autre plus lucrative au profit de son fils. Descartes du Perron pourrait l'obtenir pour seize mille écus, soit cinquante mille livres.

Une charge, cela signifie des revenus assurés, une position sociale reconnue dans sa région natale proche de Paris où il fait si bon vivre... Avec les restes de son héritage, ses primes de mission et ses commissions il dispose de dix mille écus. Pour compléter la somme sa famille maternelle lui propose un prêt sans intérêt s'il obtient une caution paternelle. L'enjeu est trop grand, il met sa fierté en berne et écrit à son père, en affaires à Paris, une lettre fort humble. Il sollicite ses conseils, le prie de le déterminer sur son choix. S'il le juge incapable de remplir une charge de cette importance, puisque « à vingt-neuf ans, n'ayant fait d'autre exercice que de porter l'épée, il paraît entrer bien tard dans la profession de robe, il est disposé à faire un stage chez un procureur du Châtelet de ses amis (Mydorge) pour acquérir la pratique nécessaire ».

Le courrier parti, il réalise qu'il serait judicieux de rejoindre son père à Paris pour emporter l'affaire de haute lutte, comme toujours. Il prend la poste comme un simple bourgeois ou un commis d'affaires tant il est anxieux de réaliser ce projet vital, et se précipite chez son père. Trop tard. Alerté par sa lettre, Joachim Descartes s'est enfui. Terrorisé à la pensée d'affronter ce soudard il s'est réfugié dans l'une de ses terres bretonnes et son intendant a ordre de le déclarer absent en cas de visite « inopportune ».

Le poursuivre, le forcer dans son réduit breton ? Le cavalier n'a pas loisir d'y songer. Paris retentit d'une terrible nouvelle. Après neuf mois de siège, l'armée des Gueux des Provinces-Unies a rendu la ville de Breda aux troupes espagnoles du marquis de Spinola.

Descartes est atterré. À Breda il a appris à vivre en homme libre et à défendre cette liberté par l'art de la guerre. Les Pays-Bas restent à jamais sa patrie de cœur, désormais bien menacée car ses amis lui apprennent que le prince Maurice est mort depuis deux mois. À l'agonie, lui dit-on, il a fait venir à son chevet un prêtre catholique et un ministre calviniste, les a fait disputer de théologie, les a écoutés longuement et a murmuré :

– Je vois qu'il n'y a rien de certain que les mathématiques.

Il s'est tourné vers le mur et a expiré.

Son frère et successeur, Frédéric-Henry, n'a pas son génie militaire. Les Provinces-Unies résisteront-elles aux envahisseurs espagnols ? Dans le péril, le cavalier se doit de les assister. Il doit aussi assister à l'assemblée générale annuelle de l'Ordre, en Hollande. Il plante là ses affaires et s'embarque à Calais.

En son absence le tumulte d'une fantastique querelle secoue la République des Lettres.

Le premier épistolier de France, Guez de Balzac, dont les missives lues dans les salons du faubourg Saint-Germain et du Marais font les délices de la capitale, Balzac, bien au fait des procédés du beau monde, courtisan expert et maître flatteur, a dans une lettre proposé au cardinal de La Valette, fils de son protecteur le duc d'Épernon d'obliger les protestants à porter le chapeau jaune imposé aux juifs depuis des siècles. Le cardinal, ami dévoué de Richelieu, son père le surnomme le « cardinal-valet », s'est contenté d'en rire à la Cour. L'incorrigible épistolier, vexé, a voulu se venger en intriguant auprès du maréchal comte de Schomberg, proche de Monsieur, Gaston d'Orléans, frère du roi et ennemi juré de Richelieu. Le voilà entrepris dans une querelle de Grands !

Le Tyran Rouge, rancunier, a chargé l'un des membres du cabinet noir, le père Goulu, de ridiculiser cruellement sa vanité dans un pamphlet. Goulu l'a surnommé Narcisse et a révélé au public les dessous d'une querelle d'auteurs.

Jean-Louis Guez de Balzac et son ami Honorat de Bueil, seigneur de Racan, se sont réclamés d'un père spirituel, le très illustre poète lyrique et grammairien François de Malherbe, réformateur de la langue française et rénovateur de la poésie. Balzac, expert en ronds de jambe, l'a qualifié de Socrate chrétien. Le maître, flatté, a fait l'éloge de ses disciples.

Mais la célébrité venant, sa tutelle leur pèse. Racan fait des vers et ne tolère plus la dictature de Malherbe sur l'art poétique. Comme tous les réformateurs il devient conservateur. Le voici traité à son tour d'Ancien par les Modernes. La querelle s'envenime et le Socrate chrétien, exaspéré, accuse Racan d'être rongé par la vérole et incapable d'honorer les dames.

C'est hélas vrai. En Italie les prostituées propagent « le mal français », en France elles transmettent « le mal napolitain ». Balzac, après ses orgies romaines, et Racan, pour cause de débauches parisiennes, sont atteints par ce mal sans remède. Les médecins et barbier-chirurgiens les ont tant malmenés qu'ils en sont restés impuissants. Mais Racan, ulcéré par ce coup bas, se plaint auprès de Balzac, qui a répliqué.

Ce sont ces lettres lues dans le cercle très fermé des mondains de Paris et de la Cour, interceptées et copiées par le cabinet noir du Cardinal, que le père Goulu a rendues publiques.

« Monsieur de Malherbe a eu l'effronterie de m'accuser de froideur, lui qui n'est plus que glace et de qui la dernière maîtresse est morte de vieillesse l'année du grand hiver », écrit Racan.

Balzac répond « Je ne veux à l'avenir vous appeler que le faiseur de miracles, et quoi qu'en dise monsieur de Malherbe, je m'assure que j'aurai toutes les femmes de mon côté.

« Je pense bien que vos vers sont plus dangereux que vous, et qu'étant capables de faire autant de cocus que le feu roi (Henri IV) vous ne pouvez sans présomption promettre cela de vous-même. Mais aussi n'êtes-vous point réduit à ce point-là qu'il faut parler de votre braguette comme d'une affaire déplorée et qu'il ne vous reste assez de jeunesse pour donner de la jalousie à quelques maris.

C'est moi qui véritablement devrais vous prier de faire mon épitaphe, et sur les chausses de qui on pourrait mettre Ci-gît aussi justement que sur un tombeau. En effet, je ne demande plus de santé, car j'ai besoin de la résurrection. »

Le Socrate chrétien est fier de ses capacités amoureuses et s'en vante encore. Guez de Balzac l'interpelle. « Je ne doute point que cette partie par laquelle nous sommes hommes aussi bien que par la raison, ne vous ait autrefois acquis de l'honneur, et que l'Histoire ne doive rendre un témoignage glorieux à votre vertu passée. Mais aujourd'hui que vous ne pouvez plus être heureux que par la mémoire, et que votre courage aurait besoin de la force de votre fils, il me semble que vous n'avez pas bonne grâce de vous moquer de notre impuissance.

« Il n'a que monsieur F... (Claude Favre, baron de Pérouges, sieur de Vaugelas, de qui la douceur et la bonne mine étaient capables de plaire aux femmes les plus délicates, écrira Paul Colomiès, son libraire) qui puisse rire de la défaveur des autres et chercher des bons mots à nos dépens. Mais il a le droit de le faire puisque son mérite est généralement reconnu et qu'il n'est guère moins vaillant que cet ancien Héros (Hercule) qui en une nuit fut cinquante fois gendre d'un de ses hôtes. J'estime infiniment les qualités éminentes qui sont en lui, mais quand je considère qu'il est capable de nous faire mépriser de tout un sexe, et de nous rendre ridicules à la plus belle moitié du monde, j'ai bien de la peine à m'empêcher de lui vouloir du mal et quelque part que je prenne à la gloire qu'on lui donne, il me fâche fort que notre éloquence ne soit aussi mâle que la sienne. »

Vaugelas, chaud lapin ? L'illustre grammairien, que Paris a reconnu, fait coquetterie de se fâcher. Balzac, infatigable, lui écrit.

« À tout hasard, je vous demande pardon de la faute dont vous m'accusez, quoique je ne pense pas vous avoir rendu auprès des dames de si mauvais offices qu'il me semble que vous vouliez me persuader. Au contraire, si mon témoignage est suivi de leur créance, il n'y en aura point à l'avenir qui ne vous regarde comme sa dernière félicité, et qui ne vende toutes ses perles pour acheter une de vos nuits. Les Reines viendront des extrémités du monde pour essayer le plaisir qu'il y a de coucher avec monsieur de Vaugelas, et vous serez le troisième après Salomon et Alexandre, qui les aurez fait venir au bruit de votre vertu (force virile). »

L'invité dans la ruelle des Précieuses doit s'y conduire gaillardement. Avant d'être arrêté à la demande de Richelieu qui aigrit le sombre Louis XIII contre lui, le maréchal de Bassompierre brûle plus de six mille lettres d'amour pour, dit-il, « ne pas compromettre diverses dames ».

Le Tyran Rouge, malgré sa passion du pouvoir qui le ronge et le dévore, est fou amoureux de la sublime Marie de Rohan, devenue par mariage duchesse de Chevreuse et surnommée la Chevrette en hommage à ses talents amoureux. Il se rend nuitamment en l'hôtel de la belle et s'y livre à toutes sortes d'excentricités. Un soir, déguisé en diable, en collant vert avec de petites cornes sur le crâne, des grelots d'argent attachés aux jambes et aux poignets, il danse un ballet érotico-grotesque devant la cruelle qui le repousse avec horreur.

La Chevrette n'est pas discrète, c'est là son moindre défaut. Le lendemain Paris s'esbaudit fort de l'aventure et chacun se réjouit secrètement que la plus belle femme d'Europe a refusé à Richelieu ce qu'elle a accordé à un franc-bourgeois.

« Pour moi, en l'état où je suis, je ne fais plus de différence entre les belles femmes et les beaux tableaux, et le mal que j'endure m'ayant ôté la force d'en faire, ma misérable vertu est aussi contrainte que la sobriété des pauvres est nécessaire », a écrit Balzac à son compagnon de débauche, l'abbé de Boisrobert.

À Paris il est impossible de s'avouer ancien combattant de l'amour. En donnant au public ces lettres de Balzac à Racan et Malherbe, atteint par la limite d'âge, le père Goulu, hors-concours, condamne Balzac à l'exil dans ses terres.

Se retirer au désert, quel terrible châtiment, pour un mondain !

Aux Pays-Bas l'infanterie espagnole lancée à la poursuite de l'armée des Gueux s'est avancée dans les polders. Les habitants, héroïques, ont ouvert les vannes et creusé des brèches dans les digues. À marée montante les forces impériales ont péri sous plusieurs mètres d'eau. Depuis les moulins à vent tournent nuit et jours pour actionner les pompes qui rejettent l'eau de mer au-delà des digues reconstituées. Les troupes du marquis de Spinola ne se risqueront plus dans les polders !

À l'issue de cette courte campagne Descartes du Perron est de retour à Paris. On lui apprend la querelle. « Narcisse » est ridiculisé sans relâche par le père Goulu, prendre sa défense c'est s'attirer la disgrâce de Richelieu. Vaugelas s'y risque modérément mais il est à Monsieur, Gaston d'Orléans, frère du roi.

Cette folie, le cavalier va la commettre. Il se rend à la Cour, à Fontainebleau, auprès du légat du pape, lui expose l'affaire. Il faut que le polémiste cesse de persécuter Guez de Balzac !

Le cardinal-neveu écrit au père Goulu, en religion dom Jean de Saint-François, supérieur général de la Congrégation des Feuillants, d'où son pseudonyme de polémiste, *Phylarque*, « prince des feuilles ». Il lui ordonne de regagner le monastère Saint-Bernard, rue Saint-Honoré, et de ne plus se mêler des tumultes du monde et de la Cour. Le religieux ne peut qu'obéir.

Descartes a éliminé un membre du cabinet noir. Richelieu ne lui pardonnera pas.

Pour le Paris des salons et ruelles du Perron est une énigme. Racan, lui-même ancien mercenaire, ne le comprend pas. « Après avoir été sept ans au collège, écrit-il à un ami, il s'est défait de son latin comme d'un habit indécent à un cavalier, et il a cru que c'était assez imiter la valeur, la bonne conduite et la gentillesse (noblesse) des Maréchaux français que d'imiter leur mauvaise orthographe. Pour moi, je ne passe si à coup d'une extrémité à l'autre, et je crois pouvoir être soldat sans être tout à fait brutal. »

Descartes estime que l'orthographe est inutilement compliquée, il la réforme sans se soucier des usages, et que le Latin masque sous une apparence savante l'ignorance des pédants. Il dit son mépris dans des formules cinglantes.

– Un bon orateur reste éloquent, même s'il s'exprime en bas-breton !

Il n'en a pas perdu son Latin pour autant. Il écrit à Balzac une lettre dans la langue des doctes, traduite en Français par le premier épistolier de France et lue dans tout Paris.

« Si monsieur de Balzac est quelques fois obligé de parler de lui-même, il le fait avec la même liberté qui le fait parler des autres et qui lui rend le mensonge insupportable. La crainte du mépris ne l'empêche pas de découvrir aux autres les faiblesses et les maladies de son corps, la malice de ses envieux ne lui fait pas dissimuler les avantages de son esprit. C'est ce qu'on pourrait interpréter en mauvaise part dans un siècle où les vices sont si communs et les vertus si rares. Il ne parle de toutes ces choses, comme il fait, que par l'amour qu'il porte à la vérité et par une générosité qui lui est naturelle. La postérité voyant en lui des mœurs toutes conformes à celles des grands hommes de l'Antiquité, admirera la candeur et l'ingénuité de cet esprit élevé au-dessus du commun, et lui fera justice de ses envieux qui refusent aujourd'hui de reconnaître son mérite. Car la corruption du genre humain est devenue si grande que la vérité passe pour orgueil, la dissimulation ou le mensonge pour modestie. »

Guez de Balzac ne mérite pas tant d'éloges. Cette réaction généreuse, cette indignation disproportionnée à sa cause, ce trop-plein d'amertume, cette noble protestation ne concernent pas l'épistolier mondain. Descartes parle pour lui, c'est un autoportrait. Son arrogance dissimule mal une blessure inguérissable. Il souffre de sa jeunesse sans amour, sa mère disparue, son père indifférent, sa famille de robins obsédée par l'acquisition de titres de noblesse. La gentillesse, privilège des gens nés, aristocrates par la naissance, ne s'obtient pas par la noblesse de robe ou de fortune.

Le seigneur de La Brétaillière, de Kerlau, de Trémondée et de Kerbourin, titres attachés par fief aux terres acquises par sa famille, marié l'an passé à dame Marguerite Choan de Cockander, reste Pierre Descartes, conseiller au Parlement de Bretagne, de condition médiocre, de petite fortune, qui se ferait bastonner par des laquais s'il mécontentait un plaideur de haute noblesse ou un prince de l'Église. Ce qu'il se garde bien de faire.

Descartes ne supporte pas cette ignoble soumission. Voir les hommes, ses semblables, survivre dans la peine, écrasés de travail, de charges, d'impôts, impuissants devant la maladie et accablés de deuils le révolte.

Louis XIII, roi mélancolique, mesquin, maniaque, dépressif, amoureux de la mort, n'est heureux que sur les champs de bataille jonchés de cadavres et vit dans la terreur d'un Dieu vengeur implacable acharné à châtier l'homme persécuté par les démons s'il cède à la plus petite tentation. Son caractère morose, ombrageux, soupçonneux, jaloux de son pouvoir, pèse sur Richelieu, obsédé de complots, de rébellions, de révoltes, qui aggrave la répression pour le rassurer. Les moutons de la police mouchardent, les dévots surveillent l'opinion, la Compagnie du Saint-Sacrement, invisible et omniprésente, dénonce la moindre velléité, le plus petit désir de liberté d'expression. Les théologiens censurent les livres. Les agents du cabinet noir espionnent la police, les dévots, la Société du Saint-Sacrement, les théologiens, les prêtres, les moines, la famille royale, les Grands, les nobles, les artistes, les pédants, les bourgeois, les soldats, les ouvriers, les paysans, les geôliers, les condamnés, les hommes, les femmes, les vivants et les morts, car leurs propos passés et leur mémoire peuvent inciter à suivre leur exemple.

Dans les églises, les châteaux, les maisons, les abbayes, les casernes, les ateliers, les tavernes, les bordels, les prisons, les galères, il y a toujours une oreille du tyran puisque ses sbires achètent à n'importe qui n'importe quel ragot à n'importe quel prix, argent, impunité, remise de peine. Nul ne leur échappe, pas même la Grande Truanderie bien que les franc-bourgeois et les bons enfants égorgent les mouchards. Il n'est pas une salle de jeu mondaine, pas une réunion savante, pas une école, pas un cloître qui ne soit placé sous haute surveillance par des laquais amateurs de récompense ou par des gentilshommes passibles d'une condamnation pour duel ou dettes, manipulés par les maîtres-chanteurs du Cardinal.

Les réfractaires sont châtiés selon leur rang et leur fonction. Le curé des Accoules, Louis Gaufridy, poursuivi pour démonolâtrie par le parlement d'Aix-en-Provence, meurt dans les flammes malgré l'appui du clergé et de son ami l'évêque de Marseille. Théophile de Viau, accusé d'athéisme, renié par la république des Lettres, accablé par Guez de Balzac qui n'a pas eu le triste courage de se taire, s'est enfui, son effigie et ses livres sont partis en fumée en place de Grève.

René Descartes, combattant solitaire, s'est révolté contre ce triomphe de la bassesse servile, de la lâcheté et du conformisme. Il a défié le tout-puissant chef du Conseil du roi. Richelieu le poursuivra d'une haine sans limite.

Chapitre 5

UN TROU DANS LA NUIT

Le cardinal-neveu Barberini, le seul appui de Descartes, quitte la France au mois d'août sur un échec puisque sa légation « n'a pas été agréable au roi ». À Rome, où il entretient à ses dépens avec la générosité d'un prince de la Renaissance bien des savants, il l'accueillerait avec joie tant il est subjugué par son intelligence et sa hauteur de vue. Mais le climat de l'Italie ne lui convient pas, Rome et ses environs sont infestés de peste, à la Cour pontificale il faut être attentif aux intrigues, aux rivalités, aux jalousies, et faire face aux complots des nantis anxieux de conserver leur pension, aux calomnies des ambitieux soucieux d'en obtenir une. En cas de disparition du mécène, il serait sans ressources, prisonnier d'un milieu hostile et livré à la discrétion du Saint-Office, à portée de main de l'Inquisition.

Tous ses amis font carrière. Le mathématicien Claude Hardy, conseiller au Châtelet de Paris, avocat, parle et écrit une trentaine de langues orientales. Il a fait imprimer les *Questions* d'Euclide suivies des commentaires de l'auteur en Grec ancien avec en vis-à-vis sa traduction comparée en Latin moderne. C'est la première fois que le texte grec original est publié, jusqu'à ce jour tous se fiaient aveuglément aux traductions des versions latines des scoliastes du Moyen-âge. Que d'erreurs a-t-il ainsi mis en évidence dans ce livre, imprimé à ses frais ! Florimond de Beaune, seigneur de Gouliou, conseiller au présidial de Blois, est l'un des meilleurs mathématiciens de son temps. Descartes a commenté son traité de *Géométrie* après l'avoir discrètement amélioré et prend sa défense contre les attaques des envieux. Jean-Baptiste Morin, docteur en médecine et professeur royal de mathématiques à Paris, soutient Descartes et espère lui faire obtenir une pension, car « le plus grand des mathématiciens » n'entend pas se limiter aux mathématiques, il veut traiter de toutes les sciences pour les établir sur une base solide et depuis son enfance et sa jeunesse solitaire il a pour habitude de réfléchir seul, sans contraintes ni obligations, en alternant l'oisiveté et les intuitions fulgurantes, en prenant le temps de vivre, de jouir des plaisirs de la vie. Il a pris son logement chez un parent par alliance du côté maternel, Nicolas

Le Vasseur, seigneur d'Étioles, receveur général des finances à Paris, qui connaît bien son père et se fait fort d'obtenir son aide financière.

Ils partent pour Rennes, mais la rencontre, après trois ans de brouille, se passe plus mal que la précédente. Joachim Descartes, rassuré par la présence de Le Vasseur, se montre mesquin, lâche et rancunier... Les deux amis quittent la Bretagne en passant par le Poitou et la Touraine, le Jardin de la France, pour visiter leurs parents.

À Poitiers les jésuites invitent messieurs Le Vasseur d'Étioles et Descartes du Perron à honorer de leur présence la soutenance d'une thèse en leur collège, et il ne peut s'empêcher de « disputer à la thèse ». Le père recteur, « honoré de la manière dont il a usée dans ses prolégomènes et ses arguments », député le lendemain deux pères de la compagnie pour l'en remercier. L'écho de cet événement est aussitôt diffusé et largement commenté dans la région. C'est « un héros couronné de laurier par Mars et d'olivier par Minerve », proclame Le Vasseur d'Étioles, qui fait son entrée à Châtellerault.

Madame Sain, sa tante veuve de son parrain, en affairiste fort experte, lui conseille le mariage. Comment résoudre plus élégamment que par une dot ses besoins d'argent ? Elle lui présente une demoiselle « de naissance », la future célébrité parisienne madame du Rosay.

La jeune fille est sensible à son charme, elle l'invite avec Le Vasseur d'Étioles à une partie de campagne organisée par ses amies, des jeunes filles émoustillées par cette rencontre avec le rude et savant aventurier. Monsieur Descartes du Perron ne faillit pas à sa réputation. Le voici lancé dans un discours sur les engagements que l'on prend avec les femmes. Il « s'étonne de voir tant de dupes piégées par l'amour. Lui n'a pas encore été touché par cette folie, du moins jusqu'à présent. Sa propre expérience lui fait mettre une belle femme, un bon livre et un parfait prédicateur au nombre des choses les plus difficiles à trouver en ce monde ».

– Nous sommes donc bien laides ? proteste la jeune fille.

Les yeux gris virent au noir profond.

– Il n'est pas de beauté comparable à celle de la Vérité !

Les demoiselles se récrient. La beauté incarnée, pour n'être pas parfaite, possède une qualité essentielle, elle est visible et palpable. Il l'apprécie, dit-il, « en dehors du mariage ».

– Qui parle mariage ? En cette belle journée, parlons d'amour !

De badinages en rires, Le Vasseur d'Étioles leur propose de parcourir la Carte de Tendre. Les jeunes filles ignorent tout de ce jeu, créé par mademoiselle de Scudéry, leur dit-il.

– Cette poétesse est appelée Sapphô par les Précieuses et ses tendres amies. Comme le dit une épigramme, on les aime d'amour platonique.

Ces dames ont l'esprit très pur,
Ont de la douceur à revendre,
Pour elles on a le cœur tendre,
Et jamais on n'eut rien de dur.

Madeleine de Scudéry a l'esprit si pur et tant de douceur qu'elle permettra à son frère Georges de se prétendre l'auteur de ses romans.

La Carte du Tendre se parcourt dans les parcs. De *Nouvelle-Amitié*, la clairière de départ, les futurs amoureux suivent le cours du fleuve *Inclination*, un sentier. Attention, si l'on est maladroit à l'égard de sa ou de son partenaire, on s'égare, on parvient à *Tendre-sur-Estime* ou à *Tendre-sur-Reconnaissance*, des bassins où se noie la passion la plus ardente. Mais de *Tendre-sur-Inclination*, un gros buisson, on atteint la *Mer Dangereuse*, et, de là, les *Terres incon-nues*. Les plus malheureux ne parviennent qu'au *lac d'Indifférence*, un taillis, ou, pis, à la *Mer d'Inimitié*, des ronciers mêlés d'orties.

Les personnes du sexe (le beau sexe), sont priées de choisir un partenaire à leur goût parmi les galants. L'un après l'autre, les couples empruntent le parcours sous le regard attendri des spectateurs. Jusqu'où iront-ils ? Chaque traversée de la *Mer Dangereuse* est saluée d'applaudissements.

Le nouveau jeu plaît fort aux demoiselles de Châtellerault, toutes désirent s'aventurer sur les *Terres Inconnues*...

Malgré la douceur de vivre dans le Poitou, les deux amis doivent partir. Les demoiselles décident de les accompagner à Paris pour goûter aux douceurs de la capitale. Quel délicieux voyage !

Mais au cours d'une halte non loin d'Orléans, alors que les passagers regagnent le coche de la poste, un cavalier met pied à terre et apostrophe furieusement le sieur du Perron. C'est un amoureux de la future madame du Rosay qui, fou de jalousie, brandit sa rapière.

– En garde, monsieur !

Descartes du Perron se décoiffe, confie son feutre à plumet à son ami et témoin, ôte sa courte cape de voyage, la remet à la belle et dégaine. Les jeunes filles l'admirent, le cœur palpitant.

Après deux passes liées suivies d'un coup de manchette sur une prise de fer l'amant malheureux, ahuri, voit son épée voler à trois pas. Alors, d'un geste noble, le seigneur du Perron lui rend son arme, et d'une voix grave, déclare au malheureux « qu'il doit la vie à la dame pour l'amour de laquelle il vient d'exposer la sienne ».

Le plus drôle est qu'il parvient à dire cela sans rire !

Nicolas Le Vasseur d'Étioles, bon camarade, le félicite longuement pour sa clémence.

Descartes réplique par des vers célèbres à Paris.

Couper le nez à son rival
N'est pas aller à la source du mal.

Les deux cavaliers regagnent le logis du seigneur d'Étioles, faubourg Saint-Germain. Depuis l'épidémie de peste le Marais n'est plus à la mode car le vent venu de la mer y accumule les miasmes et les franc-bourgeois et bons enfants malmènent trop leurs proies. Les hôtels du Nouveau Marais se vident, il est de bon ton de se loger au faubourg près l'abbaye de Saint-Germain ou dans les quartiers ouest, « au vent » de Paris.

Chaque semaine Descartes participe à une réunion savante organisée par son hôte. Ces assemblées où l'on débat librement, pernicieuses et potentiellement subversives qui se tiennent sans contrôle dans Paris ravivent l'inquiétude de Richelieu. Il songe à réunir ces égarés sous sa haute surveillance dans une « académie » officielle.

Les érudits et lettrés rassemblés par Le Vasseur retiennent particulièrement son attention. L'intendant général du duc de La Rochefoucauld, Jacques de Serizay, et Jean-François Sarasin, secrétaire d'Armand de Bourbon, prince de Conti, sont à Gaston d'Orléans, frère du roi, son irréductible ennemi. Pierre de Boissat a servi pendant les guerres d'Italie sous le connétable de Lesdiguières connu pour sa fière et ombrageuse franchise, et au siège de Gavi il s'est lié d'étroite amitié avec le sieur Descartes du Perron. Cet aventurier a rendu de grands services à l'armée d'Italie mais il est coupable d'un incroyable acte de rébellion et c'est l'ami intime de parlementaires en lutte perpétuelle contre lui pour tenter de limiter son pouvoir, tels le réputé traducteur, philosophe et mathématicien Marandé, greffier de la Cour des Aides, Hardy et son ami Pinon, maître des requêtes, et leurs beaux-frères respectifs, Antoine et François Picot, l'un conseiller à la Cour des Aides, l'autre auditeur à la Cour des Comptes, également férus de mathématiques. Le troisième frère Picot, aussi bon mathématicien, Claude, prieur laïc du Rouvre, le plus célèbre débauché de Paris, ami le plus proche de Descartes, communément appelé l'abbé Picot, et le prieur laïc de Sainte-Croix André Jumeau, arithméticien, algébriste et ancien précepteur du duc de Verneuil, l'un des Grands hostiles à Richelieu, utilisent leurs bénéfices ecclésiastiques pour publier leurs livres à compte d'auteur afin d'échapper aux pressions des agents de son Éminence sur les libraires éditeurs.

Les comptes rendus de ces réunions chez Le Vasseur d'Étioles mouchardées par des laquais qui ignorent mutuellement leurs rôles constituent des preuves pour les éliminer, car sous le couvert de cette société savante et littéraire les Frères de la Rose+Croix sont de retour à Paris. Justement, en cette belle soirée d'août 1626, Le Vasseur d'Étioles rappelle un triste événement à l'assemblée réunie dans sa demeure.

Sir Francis Bacon, vicomte de St Albans, baron de Verulam, chancelier d'Angleterre, ami intime du prince Maurice de Nassau et président de l'Invisible Collège, mort le neuvième jour d'avril, probablement empoisonné par ses ennemis politique six ans après la publication du premier tome de son grand ouvrage, *Instauratio Magna Scientiarum*, « la Grande Restauration des Sciences », n'a pu achever son œuvre.

– Dans ce livre, un long préambule, sir Francis constate que l'esprit humain se trouve de plus en plus embarrassé dans la recherche de la vérité. Depuis que la scolastique a fait recevoir Aristote, sa logique et sa dialectique comme un discours total, inamovible, un savoir acquis à jamais figé, une sorte de texte sacré appliqué aveuglément, tout le système des sciences n'est qu'une masse confuse de fausses idées d'où découle une ignorance presque entière des choses naturelles avec mille inconvénients. En conséquence il a employé toute son industrie pour tâcher de réconcilier l'esprit humain avec la nature afin de rétablir leur commerce.

Après l'éloge du défunt et le rappel des dates importantes de sa vie il aborde son œuvre majeure.

– Il faut commencer par corriger les erreurs passées et établir les moyens de prévenir celles qui pourraient survenir dans la suite des temps, écrit-il. Mais pour ce faire on ne peut espérer s'appuyer que sur l'entendement humain, puis solliciter les secours de la Raison puisque les premières notions que notre esprit reçoit des choses, héritées de l'ancien, sont vicieuses et confuses, et l'on ne parvient plus, par la suite, à s'en séparer. Il ne s'agit donc, et de rien de moins, que de dresser un Novum Organum Scientiarum, « nouvel instrument des sciences », sur des fondements bien différents de ceux des scoliastes qui lui paraissent ruineux.

Le Vasseur regarde Descartes en lançant sa péroraison finale.

– Sir Francis ne s'est point rebuté à la difficulté de l'entreprise. Il a voulu s'exposer au danger de passer pour le plus téméraire des hommes, afin de briser au moins la glace pour les esprits de sa trempe qui viendront après lui. C'est pourquoi sa devise, ou plutôt sa prophétie, Multi pertransibunt et augebitur scientia, « beaucoup passeront et la connaissance sera plus grande », doit nous encourager dans l'espérance que d'autres continueront ce qu'il a commencé. Car par sa mort il nous faut avouer que l'exécution d'un dessein si héroïque, celui de rétablir la vraie philosophie, est réservé à un génie encore plus extraordinaire que le sien !

La savante assemblée applaudit ses conclusions. Mais ce n'est pas l'orateur qu'elle acclame.

Une vibrante ovation converge vers Descartes.

Mais il faut que ce génie encore plus extraordinaire puisse vivre. L'un des participants espère le faire pensionner. Ils se sont liés d'une forte amitié et d'une estime mutuelle dès les premières réunions faubourg Saint-Germain lorsque leurs amis communs les ont présentés l'un à l'autre.

– Monsieur des Argues a su se distinguer par son mérite personnel. Pour ne pas rendre inutiles ses connaissances en mathématiques et dans les arts, en particulier en mécanique, il emploie tous ses soins à soulager la peine des artisans par la subtilité de ses inventions.

– Monsieur Descartes du Perron travaille aux moyens de perfectionner la mécanique pour abréger et adoucir les travaux des hommes.

Girard des Argues connaît bien Madame Nièce, adorée de son oncle Richelieu, la rumeur les accuse de relations incestueuses. Par elle il espère fléchir le cardinal. En avocat habile il ne plaide pas la cause du savant héros de guerre mais celle de l'oncle.

– Si, sacrifiant ses ressentiments personnels et légitimes à la plus grande gloire de la France, son Éminence pardonne l'offense et accorde une pension, chacun s'inclinera devant la grandeur de l'homme d'État. Quel geste, devant l'Histoire !

Le Tyran Rouge est intraitable. Aucun crime de lèse-Éminence ne sera oublié. Même si le sieur

Descartes du Perron est le plus grand génie de tous les temps, où qu'il soit dans le monde il verra toujours au-dessus de lui l'œil de Caïn du Cardinal le fixer sans ciller.

C'est la consternation générale. La société savante se lamente. Qu'est allé faire le plus grand des mathématiciens en politique, le domaine réservé, le jeu préféré des Grands et des favoris jusqu'à en perdre la tête par l'épée du bourreau ? Par cette bravade, ce sursaut d'orgueil, il a usé son crédit, la gloire acquise avec l'armée des Alpes !

En réalité ce que Richelieu ne peut lui pardonner c'est de favoriser l'influence de l'Ordre en y attirant des savants. Ces réunions où l'on fait l'apologie de la liberté de penser sont plus dangereuses que les prêches des fanatiques religieux !

Reste Monsieur, frère du roi. Le frivole Gaston a son mathématicien, monsieur de Beaugrand, c'est la mode, et ce savant est l'un des secrétaires du roi, manière commode de rester au contact de sa Majesté à laquelle il succédera si Louis XIII meurt sans héritier.

Gaston d'Orléans est joyeux drille. Dans sa jeunesse il a terrorisé plus d'un bourgeois et mis le feu à bien des auvents d'échoppe avec les petits gentilshommes de sa suite au cours de ses nuits de débauche. Une chanson à boire à la gloire du cabaret, qu'il chante volontiers, lui rend hommage.

Gaston, qui savez mieux que nous

Tous les secrets de la taverne...

Mais sa préférée, composée pour lui par l'un de ses courtisans, est ponctuée par un joyeux refrain qu'il entonne à chaque beuverie.

S'il perd un foutu serviteur,
Perdrai-je pas un foutu maître ?

Monsieur a gardé « l'esprit page ». Un matin il surprend l'un des siens ronflant la bouche ouverte. Il lui fait un pet dedans et s'ensauve. Le page, à moitié réveillé, croyant avoir affaire à un laquais, grommelle.

– Bougre, je te chierai dans la gueule.

– Qu'est-ce qu'il a dit, demande Gaston, hilare, à son valet de chambre.

– Monseigneur, il a dit qu'il chiera dans la gueule de Votre Altesse Royale.

Le frère du roi, pleurant de rire, raconte cent fois l'histoire à ses compagnons de beuverie.

Hélas, son mathématicien n'est pas seulement petit par ses connaissances, comme le montrera son *Traité de la Géostatique* farci d'erreurs, il l'est aussi de tempérament et de caractère. Combien minces vont paraître ses mérites à côté de ce puissant et universel esprit ! Affolé par le prestige du postulant, par le nombre et la qualité de ses parrains, mis en garde par les agents du Cardinal, Beaugrand conseille à Gaston de ne pas mécontenter le Chef du Conseil en pensionnant un savant réputé d'opposition. Monsieur, préoccupé par ses affaires de cœur, il court plusieurs dames à la fois, s'en remet à son mathématicien.

Que faire ? Publier ? L'apport financier n'est pas négligeable. Sa célébrité grandissante garantit des éditions successives avec achats préalables du droit de diffusion par le libraire. Les réunions chez Le Vasseur attirent une infinité d'hommes de lettres, car il n'a pas seulement la réputation, propagée par ses pairs, d'être le plus grand des mathématiciens. Il a secouru Guez de Balzac, médiocre victime d'une stupide dispute de Grands, et précisément à cause de cela nul ne peut se tromper sur la signification et la portée de son acte héroïque et sans espoir. Il n'a pas défendu le talent d'un auteur, bien mince, il a explicitement revendiqué la liberté d'expression. Descartes incarne un rêve, la possibilité d'exprimer publiquement la critique politique.

Il est engagé malgré lui dans une dispute où l'Église est en cause. Robert Fludd, l'apologiste de la Rose+Croix, a répondu à la monumentale et virulente attaque du père Mersenne par le pamphlet *Sophiae cum moria certamen*, « Combat de la Sagesse contre la folie », où le Minime est malmené. Les pères François de La Noué et Jean Durel ont tenté de le défendre. Mais alors que le savant père Mersenne a disputé de métaphysique et de philosophie, ces théologiens exaspérés par sa défaite ont repris les stupides accusations de magie démoniaque des lettres anonymes de dénonciation qui ont conduit tant de mages et d'alchimistes au bûcher. Échaudés par la défaite de Mersenne ils ont pris des pseudonymes, Flaminius et Eusèbe de Saint-Just. Judicieuse précaution ! Fludd les a ridiculisés dans *Summum Bonum quod est verum magiae, Cabbalae, alchimia & fratrum Rosae Crucis subjectum*, « Le Souverain Bien, qui est la véritable magie, Kabbale, alchimie et sujet d'étude des Frères de la Rose+Croix ». Ces polémiques retentissent dans l'Europe des savants et dans le monde chrétien comme un défi lancé à l'Église et à ses dogmes d'autant plus intolérable que les théologiens ne peuvent plus l'étouffer dans les flammes du bûcher où brûlent ordinairement les livres diaboliques et leurs auteurs, désormais réfugiés dans les pays du Nord hérétiques.

Descartes désapprouve la publication de ces textes dont le symbolisme est manipulé par les intégristes pour affoler le bon peuple. Il ne les renie pas puisqu'il revendique la tolérance et la liberté d'expression, mais il refuse de disputer de théologie, « ce qui fait fuir les honnêtes gens », dit-il. Des écrivains éminents lui proposent humblement leur plume s'il veut faire part de ses connaissances et découvertes au public. Ils se disputent l'honneur d'écrire pour lui et « ne sollicitent que l'avantage d'être le secrétaire anonyme de monsieur Descartes ». Des libraires lui proposent des cadeaux, de l'argent pour l'engager à leur promettre une copie de ce qu'il écrira, « rien que pour lire, sans préjuger du montant des droits de le faire imprimer ». Décidément, les gens du livre ont mauvais esprit...

Mais ce héros populaire, invincible à l'épée comme en joute oratoire, d'un courage physique et intellectuel sans limite, ce mathématicien de génie, ce mythe moderne, à la fois Achille et Ulysse, disparaît. Une fois encore ses amis le cherchent en vain dans toute la capitale...

De cinq à six semaines plus tard, Le Vasseur rencontre son valet au hasard des rues. Descartes demeure donc encore à Paris ! Il se précipite. Le serviteur confirme. Comme de coutume il a laissé son maître au lit lorsqu'il est sorti pour exécuter ses commissions et il pense bien l'y retrouver à son retour. Il est près de 11 heures, Le Vasseur revient du parlement, il l'accompagne.

– C'est un bien pauvre logis que celui de mon maître, lui dit son guide. Il a emménagé dans une maison auprès de l'abbaye de Saint-Germain des Prés, au-dessus d'une échoppe dont l'enseigne lui sert d'adresse, selon l'usage, « Monsieur Descartes, rue du Four, aux Trois Chapelets ». Il y mène un train de cadet de famille infortuné, table frugale, peu d'habits, toujours dans la gamme des verts, chaque pièce est interchangeable. Un seul serviteur à tout faire, moi.

Le valet le laisse dans l'entrée et va préparer le repas de midi, le dîner. Le Vasseur s'approche sur la pointe des pieds, regarde par le trou de la serrure de la chambre. Descartes est au lit, fenêtre ouverte, rideau levé. À son chevet son serviteur a installé un guéridon couvert de papiers avec un encrier et une plume. De temps à autre il se lève à mi-corps, écrit rapidement puis se recouche pour réfléchir. Pendant une demi-heure le conseiller au parlement, accroupi devant la porte, observe, fasciné, cette immense intelligence au travail. Lorsqu'il se lève pour s'habiller, Le Vasseur sort et frappe. Le valet lui ouvre et feint la surprise.

Descartes est étonné puis contrarié que son secret soit découvert. À son sourire navré l'intrus comprend qu'il est honteux et malheureux d'être surpris dans sa pauvre retraite. Pour rompre son malaise il l'accable de reproches.

– De la façon dont vous avez abandonné ma maison sans un mot d'explication, madame Le Vasseur se croit méprisée...

Descartes proteste. Alors l'habile plaideur lui demande à dîner « pour se raccommoder ».

– Après midi, ajoute-t-il, nous nous rendrons chez moi afin de rendre à mon épouse les satisfactions qu'elle peut attendre d'un galant homme.

Au cours du repas Descartes déclare qu'il apprécie les efforts de ses amis pour lui procurer des ressources stables. D'un geste il arrête l'objection de son convive. Il a un projet. Depuis les découvertes astronomiques de Galileo Galilée avec sa lunette, l'observation de la voûte céleste est très à la mode. Il compte faire fabriquer et vendre ces instruments, mais il faut tout mettre au point, les matériaux, les outils, les procédés. Il s'est donc retiré pour y travailler au calme le matin dans son lit comme il l'a toujours fait depuis son enfance. Or, et cela « l'amuse beaucoup », précise-t-il, il a tout oublié des mathématiques, au point de ne plus savoir extraire une racine carrée ni même effectuer une division comportant des décimales ! Il est obligé de les réinventer à mesure de ses besoins. Le Vasseur se récrie. Le plus grand des mathématiciens ne doit pas perdre son temps à cela, nombre de ses amis peuvent effectuer ces calculs pour lui. Descartes l'interrompt.

– La taille des verres de lunette astronomique implique la création de mathématiques nouvelles. Je m'y emploie.

Toute la société savante et littéraire se mobilise au service de Descartes. Le médecin et mathématicien Jean-Baptiste Morin, « pour toujours à sa dévotion, est à son entière disposition », ainsi que le père Mersenne depuis son couvent des Minimes. Claude Mydorge, « son prudent et fidèle ami et secours essentiel », son principal mécène, lui présente un fabricant d'instruments de mathématiques et de physique.

– Monsieur Ferrier n'est pas un simple artisan qui ne sait remuer que la main. Il possède la théorie de sa profession, connaît l'optique et la mécanique aussi sûrement qu'un professeur du collège royal et il est loin d'ignorer le reste des mathématiques.

Avec cet artisan accueilli par les savants pour l'un des leurs se trouve levé l'un des principaux obstacles à la réalisation des lunettes, ce que souligne Le Vasseur dans le discours de réception de Ferrier dans la société savante.

– L'industrie des mathématiciens est souvent inutile par la faute des ouvriers dont l'adresse ne répond pas toujours à l'esprit des auteurs qui les font travailler !

L'académie Le Vasseur décide à l'unanimité de faire exécuter à ses dépens les expériences de monsieur Descartes. D'après ses calculs Mydorge trace et fait tailler des verres ovales, elliptiques, paraboliques et hyperboliques. Avec ces lentilles il multiplie les expériences sur la lumière, la vision, la réfraction, crée l'outil mathématique nécessaire à la maîtrise de cette science, la dioptrique, et il améliore les verres correcteurs de la vue. Les bésicles existent depuis trois siècles mais depuis n'ont guère fait de progrès.

– L'homme devrait avant tout s'intéresser à lui-même. Or cette partie des sciences est de loin la plus négligée, répète-t-il aux savants.

Tout cela est mené au milieu du tumulte de la vie mondaine. Pour tenir son rang il reprend le chemin des salles de jeu. Ses aventures galantes, son amitié avec l'abbé Picot scandalisent. Libertin, savant, mathématicien admiré, adepte d'un Ordre qui redoute Richelieu, il cumule ! Ses amis le mettent en garde. Les « bons catholiques » le surveillent, il ne faut surtout pas sous-estimer la puissance du parti dévot. On lui cite mille exemples.

– Un miroitier fort pieux de Châlons souffrait d'entendre un prédicateur stupide conter sottement le martyre de saint Étienne. Quand il s'écria « Où mettrons-nous ce proto martyr ? A la dextre, ou à la senestre de Dieu ? » le miroitier s'est levé, a dit « Mettez-le à ma place, moi je suis las d'y être », et il est sorti. Le clergé de l'Église, par calomnies et intrigues, a tenu cet homme en prison pendant quatre ans. Pour l'en sortir il a fallu le déclarer fou.

– L'abbé de Boisrobert, bien que bouffon de Richelieu, a subi leurs mauvais offices. Les dévots de la Cour l'ont fait exiler (de Paris) parce qu'il mange de la viande en carême, n'a pas de religion et jure horriblement quand il joue. Cela ne gêne pas le Cardinal, mais depuis ils obligent ce pauvre bougre à dire quelquefois la messe.

– La dévote madame Cornuel l'a accusé d'avoir fait faire sa chasuble dans un jupon de sa bonne amie Ninon de Lenclos. C'est sans doute vrai. Il s'en est vengé dans un sonnet. Heureusement pour lui, ses vers font peur.

Descartes se contente d'en rire. Mais il sait fort bien qu'il n'est plus en sécurité à Paris, donc en France.

Deux ans après le début de ces expériences, monsieur de Villebressieux, ingénieur du Génie militaire, construit une lunette entièrement nouvelle faite avec des verres hyperboliques calculés par Descartes et taillés par Ferrier. Il la porte à son œil et aperçoit distinctement les feuilles des arbres à trois lieues de distance, 12 kilomètres.

Mais, dira-t-il à ses amis, « sa surprise touche au zénith lorsque monsieur Descartes fait défiler sur un mur les fantômes d'une compagnie entière de soldats ». Le procédé consiste à projeter l'image de soldats de plomb grossis à la taille de l'homme au naturel par un miroir elliptique en marbre artificiel de six pieds de hauteur et de deux et demi de largeur mis en forme et poli par Ferrier. Ce miroir enfermé dans une chambre soigneusement obscurcie renvoie l'image par un trou minuscule. Descartes manœuvre les figurines, et l'ingénieur voit passer sur un grand papier blanc tout un corps de bataille parfaitement réaliste mais immatériel !

Sur ses indications Villebressieux fabrique de sa propre industrie une boîte en bois qui projette une image redressée sur un mur. La machine peut se porter partout où le point de vue est le plus agréable à voir, ce qu'il juge digne du plus grand prince de la terre, mais d'un prince philosophe et perfectionné dans le raisonnement. Un tel prince étant très hypothétique, Descartes le persuade de garder l'invention secrète.

Pour le dédommager de son silence il lui cède plusieurs inventions très nécessaires à l'art de la guerre que l'ingénieur du Génie militaire peut exploiter pour son compte, notamment une spirale double en bois pour descendre d'une tour sans danger en se laissant glisser, des tenailles en bois autobloquantes et un tour fait avec deux bâtons qui permettent de monter et descendre le long d'une corde en toute sécurité, un pont roulant pour franchir un large et profond fossé, un bateau à passer les rivières qui se plie et se porte sous le bras... Quant au chariot-chaise, c'est une machine fort utile à tous, en particulier aux soldats blessés, d'autant qu'elle est réalisable avec des moyens de fortune sur le champ de bataille. Ce siège est fixé sur deux roues par l'intermédiaire de cerceaux de tonneau dont l'élasticité absorbe les inégalités du chemin, de sorte qu'on peut être mené en santé ou en maladie par un seul homme avec moins de peine que par deux porteurs de chaise ou de litière, tout en y étant aussi mollement, contrairement aux carrosses et aux coches suspendus par des lanières de cuir.

Monsieur Descartes fait voir à monsieur de Villebressieux une infinité d'autres choses qui surpassent de loin la portée des autres mathématiciens mais qu'il lui demande de garder à jamais secrètes parce qu'elles ont des applications militaires meurtrières qu'il ne souhaite pas laisser développer par des savants sans scrupules.

Tandis qu'il se rend à l'assemblée annuelle de l'Ordre, aux Pays-Bas, ses travaux sur la lunette astronomique provoquent un émoi considérable. Richelieu, pourtant préoccupé par le siège de La Rochelle, fait savoir à l'académie Le Vasseur qu'il souhaite se réserver ces recherches afin de les confier à des savants et des artisans honorés de sa confiance. Il est impossible de passer outre aux désirs de l'Homme Rouge. L'académie Le Vasseur met fin aux essais en cours.

Avant de quitter les Provinces-Unies Descartes visite Isaac Beeckman lorsqu'un message de Girard des Argues l'informe que le roi invite tous les hommes d'épée français à participer à la prise de La Rochelle compromise par l'arrivée de la flotte anglaise du duc de Buckingham, qui amène des renforts pour, dit-on, se venger de son amour impossible pour la reine de France. Tous ses amis, dont Racan, ont répondu à l'appel de Louis XIII. Il les rejoint.

Richelieu veut réduire les protestant rebelles par la famine. Comme d'autres volontaires le sieur du Perron, pour tromper l'ennui, n'a d'autre ressource que de jouer aux dés et aux cartes ou, avec des Argues, de faire le pistolet pour l'amour des dames, l'équivalent du tournoi courtois au Moyenâge. Le cavalier, portant les couleurs d'une belle, provoque l'ennemi en caracolant devant les fortifications de La Rochelle. Quand un adversaire sort de la ville c'est l'occasion d'une courte trêve. Sous les yeux des deux armées, les uns postés sur les remparts, les autres sur les fortifications du camp, ils galopent l'un vers l'autre et se tirent au pistolet lorsqu'ils s'estiment à bonne portée. Pour les plus hardis la partie se joue en deux ou trois, parfois quatre reprises. Grâce à son extraordinaire maîtrise de soi le sieur du Perron n'est jamais blessé et toujours apprécié pour son audace et son élégance quand il salue son adversaire.

« Tant il est vrai, constate un écrivain, amer, que pour s'accommoder de ce siècle il faut avoir plutôt une réputation de brutal que d'homme connaissant les belles lettres. »

Avec Girard des Argues, expert comme lui en génie militaire, du Perron fait exécuter de nouvelles défenses sur mer. Après le retrait de la flotte anglaise ils participent avec la cavalerie des cadets de France à la dernière bataille rangée du siège.

Mais Louis XIII n'est pas seulement avare, mesquin et jaloux de son pouvoir, il est aussi ingrat. La Rochelle prise, le danger passé, il oublie l'élan spontané de patriotisme qui a emporté la décision. Malgré les demandes de ses amis auprès des ministres et de la Cour de Sa Majesté le Roi Très Chrétien, l'intervention de Richelieu met fin à la demande de pension royale.

La situation se dénoue quelques mois après d'une manière imprévue. Des jésuites demandent « au plus grand des mathématiciens que Dieu ait créé » de participer à une conférence publique en présence du nonce du pape et du cardinal Bérulle. Au cours de son intervention il se montre brillant, à son ordinaire. À l'issue de la réunion un jésuite lui donne rendez-vous chez le cardinal le lendemain même.

S'il l'a fait prier de venir, lui dit Bérulle, ce n'est pas pour disputer de philosophie mais pour lui communiquer secrètement un message d'une extrême gravité que le cardinal-neveu Barberini, toujours dévoué à son cher savant, lui a fait tenir par le nonce, ambassadeur du pape.

Richelieu poursuit Descartes d'une haine tenace et vigilante. Le Flambeau de l'Ordre, comme le surnomme les membres de l'Invisible Collège, toujours plus influent, a défié son pouvoir. Cette rébellion ne peut rester impunie, donc c'est un homme à abattre. Cela pourrait se faire discrètement avec une grande facilité, mais dans son cas l'assassinat ne convient pas, car le parti dévot et la compagnie du Saint-Sacrement demandent qu'il soit condamné pour ses idées sacrilèges lors d'un procès public exemplaire.

L'illustre mathématicien, vénéré des savants, semble hors d'atteinte. C'est une illusion. Par un agent des services secrets du Vatican infiltré dans le cabinet noir, Barberini a appris que le lieutenant civil Laffemas prépare une procédure contre lui.

– Laffemas, surnommé « le Grand Bourreau de Richelieu », ajoute Bérulle, est un fou sadique animé de la rage de pendre. Chaque fois qu'il voit une belle journée, il s'écrie « Ah qu'il ferait bon pendre, aujourd'hui ! »

Richelieu lui fait exercer sa charge par commission, donc sans l'avoir achetée, c'est ainsi qu'il s'attache ses créatures. Le Grand Bourreau, qui lui est totalement dévoué, est capable de transformer le plus anodin délit en cas pendable.

– L'an passé, un individu vêtu d'une robe de mage a abordé Richelieu lors d'une promenade. Il prétendait posséder la Pierre Philosophale et l'a si bien circonvenu par ses discours et ses simagrées que le Cardinal l'a fait mener en grand secret dans son cabinet. Là le mage a fait apparaître de l'or en lieu et place de plomb après force tours de passe-passe. Son Éminence ne se tenait plus de joie mais un secrétaire s'est avisé de vérifier le bâton à brasser le « précipité alchimique » où le miracle s'était opéré. Dans l'instrument, creux, le charlatan avait logé une pépite d'or qu'il libérait au bon moment. Nul ne sait ce qu'il aurait pu tirer de la crédulité du ministre, car pour le faire taire Son Éminence l'a remis à Laffemas avec ordre de trouver un motif de le pendre. Le Grand Bourreau a souri. « Au pis-aller, nous l'accuserons de magie ». Le mage fut pendu. Cette procédure peut s'appliquer à vos travaux, dit Bérulle.

Descartes met rapidement ses affaires en ordre, rassemble ses maigres avoirs, informe de sa décision ses amis sûrs. Il renonce à mettre au point une lunette d'approche à miroir sphérique, plus simple à façonner qu'une lentille, le télescope, dont il a défini le principe et la théorie mathématique. Il fait détruire par Ferrier ses « machines optiques » et autres inventions afin, dit-il, que des charlatans ne s'en emparent pas pour abuser le public.

À l'automne 1628 il disparaît. Personne ne sait où le trouver. « Il a fait un trou dans la nuit », disent ses amis.

Faire un trou dans la nuit
C'est déloger sans faire de bruit.

DEUXIEME PARTIE

LA RÉFORME GÉNÉRALE DU MONDE

L'action de cet homme sur son siècle et sur les temps nouveaux ne sera jamais exagérée. C'est un héros.

Friedrich Hegel

Chapitre 6

LA CONVERSION DU REGARD

En Hollande, dans sa solitude retrouvée, Descartes réfléchit aux événements qu'il a vécus depuis sa sortie du collège des jésuites.

Il l'avouera par écrit à de rares intimes, il a aimé la guerre. Non pas l'horreur des massacres et des pillages, mais les combats, l'épreuve du courage, en mer, comme il l'a raconté fièrement à Beeckman, et sur terre dans les combats et les duels. C'est une pulsion commune aux mal-aimés qui, faute d'avoir ressenti des émotions amoureuses dans leur enfance, vibrent intensément en affrontant le risque de mort.

Mais s'il s'est engagé dans les guerres européennes et a risqué sa vie dans de dangereuses missions d'espionnage, c'est pour contribuer à « la réforme générale du monde ». C'est un échec total. On ne peut l'imposer par les armes.

Il faut mener un tout autre combat pour aider les hommes à se libérer de l'ignorance, des superstitions, du fanatisme. Depuis son inscription sur le registre virtuel de l'Ordre présidé par le prince d'Orange-Nassau, il a constaté que l'alchimie symbolique, ce « jeu d'enfant » analogique initiatique qui l'a séduit et qui fait les délices intellectuels des savants adeptes de la Rose+Croix et des membres de l'Invisible Collège est incompréhensible pour le public. Elle entretient l'obscurantisme, la crédulité populaire et la confusion entre les magies noire et blanche et autres pouvoirs occultes imaginaires et le pouvoir des sciences, et elle provoque des disputes théologiques qui avivent l'intolérance.

Il doit répondre à l'appel de sir Francis Bacon. « L'exécution d'un dessein si héroïque, celui de rétablir la vraie philosophie », lui incombe, a dit Nicolas Le Vasseur d'Étioles au nom de tous. Il doit fonder l'Instauratio magna scientiarum, « la grande restauration des sciences », définir les fondamentaux de la philosophie du savoir, le Novum Organum Scientiarum, « nouvel instrument des sciences », et de la philosophie de la connaissance « pour suivre son propre chemin spirituel ».

Lors de l'assemblée générale de l'Ordre de 1628 il en fait la promesse solennelle. Il renouvelle devant l'autel son serment de travailler à la Gloire entière de Dieu pour l'utilité du genre humain, de cultiver les sciences, et plus particulièrement la médecine, et de s'habiller à la mode du pays. Sur le cahier où il note en Latin son journal intime il écrit « Les comédiens, avant d'entrer en scène, mettent un masque (maquillage). Comme eux, au moment de monter sur le théâtre du monde, où jusqu'ici je n'ai été que spectateur, je m'avance masqué ».

Le vétéran des guerres des Pays-Bas et des Alpes revêt une stricte tenue noire rehaussée d'un col de dentelle blanc et chausse des souliers noirs. Aux bas de soie s'ajoutent des bas de laine en nombre variable selon la rigueur du temps.

Déchirement suprême, il renonce au port de l'épée. Il tire les armes en salle, mais en ville « il quitte le baudrier ». Il écrira à un ami « Je ne fais plus profession que de poltronnerie ». Le seigneur du Perron disparait, place à Descartes.

Il demeure aux Pays-Bas, à Franeker, dans la Frise. Le 16 avril 1628 il s'inscrit sur l'album des étudiants de l'université pour emprunter des livres à la bibliothèque et entreprend l'écriture d'un traité qui restera inachevé. Il sera intitulé *Règles pour la Direction de l'Esprit* et publié après sa mort.

Il en a interrompu la rédaction parce qu'il veut gagner son indépendance financière en poursuivant la mise au point et la fabrication des lunettes d'approche selon sa théorie mathématique de l'optique, la dioptrique. Le 18 juin 1629 il se manifeste enfin par une lettre à Ferrier pour proposer au tourneur de verres de le rejoindre. « Depuis que je vous ai quitté j'ai beaucoup appris touchant nos verres de lunettes, en sorte qu'il y a moyen de faire quelque chose qui passe ce qui a jamais été vu, et le tout semble si facile à exécuter, et est si certain, que je ne doute quasi plus de ce qui dépend de la main, comme je le faisais auparavant.

« Si vous étiez assez brave homme pour faire le voyage et venir passer quelque temps avec moi dans le désert vous auriez tout loisir de vous exercer. Vous seriez éloigné des objets qui peuvent vous donner de l'inquiétude (les espions de Richelieu) et nous vivrions comme frères, car je m'oblige à vous défrayer de tout aussi longtemps qu'il vous plaira de demeurer avec moi. Il faudrait apporter les outils dont vous pourriez avoir besoin, ils ne coûteraient à apporter que jusqu'à Calais, vous pourriez passer par mer (sur un vaisseau néerlandais de ses amis) en un jour ou deux jusqu'à Dordrecht ou Rotterdam, c'est-à-dire ici, car on peut (y) venir plus sûrement qu'à Paris de son logis jusqu'à l'église. Étant à Dordrecht, vous pourriez voir monsieur Beeckman, Recteur du Collège, et lui montrer ma lettre, il vous enseignera le chemin pour venir ici, et si vous aviez besoin d'argent, ou de quoi que ce soit, il vous en fournirait. N'était que je ne saurais vous faire donner d'argent à Paris sans mander où je suis (ce que je ne désire pas), je vous prierais aussi de m'apporter un petit lit de camp, car les lits d'ici sont fort incommodes, et il n'y a point de matelas. Au reste, je vous prie que personne ne sache que je vous ai écrit, pas même monsieur Mydorge, encore que je sois bien fort son serviteur. Et de même si vous venez, vous devez souhaiter que personne n'en sache rien.

« Je vous prie de m'aimer, comme je crois que vous le faites. » René Descartes

« Je vous prie de m'aimer »... C'est par cette sublime demande qu'il salue ses proches. À ses intimes il termine ses messages par « Aimez-moi ». C'est ainsi qu'il conjure sa solitude sans amour pendant son enfance et son adolescence que malgré leur tendresse sa nourrice et sa sœur Jeanne n'ont pu compenser. Mais pour échapper aux pouvoirs politique et religieux, au cabinet noir de Richelieu, au Grand Bourreau, à la compagnie du Saint-Sacrement, aux fanatiques catholiques ou protestants, il doit vivre en secret. « Je ne peux confier mon adresse au papier », ajoute-t-il, car le courrier est intercepté par le cabinet noir de Richelieu.

Ferrier, incapable de rester discret, ne tarde pas à parler de cette lettre. Le Paris des savants et des Précieuses apprend qu'on peut joindre Descartes par l'intermédiaire du recteur de Dordrecht. La nouvelle se répand, on l'accable de courrier. Le savant père Gibieuf, de l'Oratoire, le prie d'écrire à son magistrat de père en faveur de son confrère le père de Sancy qui doit plaider devant le Parlement de Bretagne...

Il répond à tous. Ses lettres écrites sur papier grand format plié en trois sont scellées par un cachet de cire rouge frappé des lettres RC entrelacées. Sous couvert des initiales de son nom « latinisé », Renatus ou Renati Cartesius, il marque son courrier du sigle de l'Ordre en tenant son appartenance « secrète et cachée ».

Il a loué près de Franeker un manoir imité des châteaux forts, entouré d'un fossé avec pont-levis et grilles. « Cela permet, écrit-il au père Mersenne, d'entendre la messe en sûreté ». Aux Pays-Bas la liberté des cultes est assurée. Il écrit cela pour informer les agents de Richelieu qui interceptent ses lettres qu'il s'est protégé d'une visite surprise nocturne. Le maître espion connaît le métier et l'art de reconnaître le double jeu.

Ferrier ne semble pas pressé de le rejoindre. Dans de longues lettres Descartes lui détaille des instructions pour construire les machines nécessaires à la taille des verres. L'artisan lui demande sans cesse des précisions, mais il se garde bien de lui envoyer la totalité des données afin que les ingénieurs du Cardinal n'en soient pas informés par la police du courrier, et il doute de l'intégrité du tourneur de verres. Un attentat tragique va révéler sa trahison.

Le 2 octobre 1629 Pierre de Bérulle, dit le « saint cardinal », Premier Instituteur et Supérieur général de l'Ordre de l'Oratoire, célèbre la messe en l'hôtel du Bouchage. Il porte le calice à ses lèvres pour communier et s'écroule devant l'autel. Il expire sans avoir repris connaissance à l'âge de cinquante-cinq ans.

Ferrier, fier de connaître les dessous secrets de l'affaire, les raconte à Descartes.

Selon les amis de Monsieur, frère du roi, la reine-mère a fait nommer Richelieu Chef du Conseil pour reprendre le pouvoir. Mais il ne tient pas ses promesses, au contraire il l'écarte du roi. Elle hurle, pleure, tempête, le persécute, elle peut défaire ce qu'elle a fait, répète-t-elle. Pour se débarrasser de l'encombrante matrone il n'est qu'un remède, provoquer une nouvelle rupture entre le roi et sa mère. Or le saint cardinal travaillait avec beaucoup de zèle à rétablir l'union entre Marie de Médicis et son fils Louis XIII.

Deux ou trois jours avant sa mort, écrit Ferrier, Bérulle se trouvait à la Cour, à Fontainebleau, afin de consolider la paix au sein de la famille royale. Son empressement n'était pas agréable au Principal ministre qui lui a fait savoir par quelque chagrin. Voyant tous ses efforts inutiles et constatant que le roi, influencé par Richelieu, ne le regardait pas d'un bon œil, le saint cardinal avait regagné le couvent de l'Oratoire à Paris.

Pour la suite de l'histoire il s'exprime à mots couverts. Dans les milieux de qualité on murmure que las d'être contré par l'intransigeant prélat, Son Éminence l'a fait empoisonner. Pour mieux égarer les soupçons le cyanure aurait été déposé non dans le vin de messe, car d'autres prêtres auraient succombé, mais dans le calice. Après la mort du cardinal un prêtre a ramassé le vase et selon l'usage l'a soigneusement essuyé avant de le ranger dans la sacristie. Il ne reste aucune trace du poison. Les courtisans ironisent. « Le saint cardinal ne sera pas canonisé, car il n'est pas mort en état de grâce », sous-entendu royale.

L'assassinat de celui qui l'avait prévenu des menaces imminentes sur sa vie retentit auprès de Descartes comme un dernier avertissement.

Mais pourquoi Ferrier est-il informé des secrets de la Cour par l'entourage de Gaston d'Orléans ? Il demande à ses amis de mener l'enquête. Elle révèle la trahison. Ferrier est à Monsieur et il s'efforce de lui soutirer des renseignements pour le frère du roi qui s'est mis en tête de faire fabriquer des lunettes d'approche pour contrarier le Tyran Rouge qu'il hait et méprise. Descartes s'apprêtait à vivre en frères avec l'artisan pour faire sa fortune et la sienne. Il s'est trompé d'homme... Il renonce aux lunettes, quitte le manoir où il a fait aménager un atelier et retourne à Amsterdam dans l'anonymat de la grande ville.

C'est le temps des amitiés trahies qui rouvrent la blessure intime du mal aimé.

Dans un accès incontrôlé de gratitude envers Isaac Beeckman, qu'il considérait comme un père par procuration, Descartes lui avait écrit « je vous honorerais comme le promoteur de mes études et leur premier auteur ». Le Principal du collège de Dordrecht, qui intrigue pour être nommé Recteur de l'université, utilise cette lettre afin de prouver qu'il est le créateur de son *Traité de Musique* et de son *Algèbre*. Ulcéré, blessé dans ses sentiments les plus profonds, Descartes lui écrit durement.

« Je n'ai jamais rien appris de votre physique imaginaire, que vous qualifiez du nom de Mathématicophysique. La déférence que j'ai encore pour notre ancienne amitié m'oblige à vous avertir que lorsque vous vous vantez de quelque chose de semblable devant ceux qui me connaissent, cela nuit beaucoup à votre réputation. Car il n'y en a pas un qui ne sache que j'ai même coutume de tirer instruction des fourmis et des vermisseaux, et ils ne croiront jamais que j'aie pu rien apprendre de vous, si ce n'est de la même manière que j'ai coutume d'apprendre des moindres choses de la nature. Si vous prenez ceci en bonne part, comme vous le devez, je n'appellerai le passé qu'une erreur, et non pas une faute, et cela n'empêchera pas que je ne sois comme auparavant votre serviteur. Adieu ».

Puis il le prend en compassion. Beeckman, vrai mythomane, se croit réellement son maître !

Descartes, qui se préoccupe « d'apporter autant que faire ce peut du bien aux hommes », sera trahi par d'autres envieux sans scrupule qui abuseront de sa générosité et son amour de l'humanité.

L'aménagement du manoir de Franeker, les gages des domestiques qu'il employait pour que le séjour de Ferrier soit « agréable et commode », ont beaucoup entamé son avoir. À Paris l'académie Le Vasseur avait pris en charge ses recherches sur l'optique, Claude Mydorge y a laissé une partie de sa fortune. Aux Pays-Bas il n'a plus les moyens financiers de pratiquer des recherches et travaux en physique appliquée. Constantijn Huyghens, secrétaire du prince d'Orange Nassau, expose sa situation lors de l'assemblée générale de l'Ordre. Les réactions sont unanimes. Le successeur du leader de l'Invisible Collège, sir Francis Bacon, doit cesser de se disperser en recherches mercantiles indignes de son génie et se consacrer aux travaux théoriques, qui ne demandent qu'une plume, de l'encre, du papier et du temps... donc de l'argent. Comment l'aider « sans toucher sa fierté » ?

Puisque Descartes n'a plus de demeure, tous se disputent l'honneur de l'héberger. Il change souvent de résidence et s'inscrit sur « l'album des étudiants » de l'université proche pour bénéficier de l'accès aux bibliothèques. Cela lui permet de quitter opportunément une liaison encombrante ou de mettre fin à une amourette qui se prolonge, dit-il à ses hôtes. En réalité c'est pour leur sécurité, car les agents du cabinet noir et des dévots de la compagnie du Saint-Sacrement sont toujours à sa recherche.

À son habitude il travaille le matin, au lit, à son *Traité du Monde et de la Lumière*. Les savants d'Europe et ses amis parisiens le lui demandent par Marin Mersenne qui le harcèle de questions scientifiques dans ses lettres. Le premier épistolier de France, Jean-Louis Guez de Balzac, l'a réclamé après son départ pour les Pays-Bas, il y a un an et demi de cela, dans une lettre publique. « Au reste, monsieur, souvenez-vous, s'il vous plaît, de l'Histoire de votre Esprit, elle est attendue de tous nos amis, et vous me l'avez promise en présence du père Clitophon ». Ce religieux qu'il nomme par son pseudonyme à la mode des Précieuses, l'abbé de Saint-Cyran, maître spirituel des jansénistes, s'intéresse fort aux travaux de Descartes que Pierre Nicolo et Antoine Arnauld utiliseront dans le traité de *La Logique de Port-Royal*.

Au printemps 1631, Balzac, raccommodé avec les Grands à force de platitudes, lui demande des nouvelles de son traité et se plaint de son silence « qui le fait mourir ». Descartes répond avec son mordant habituel en parodiant son style. « Encore que pendant que vous avez été à Balzac je susse bien que tout autre entretien que celui de vous-même vous devait être importun, je n'eusse pu m'empêcher de vous envoyer parfois quelque mauvais compliment. Mais ayant eu l'honneur de recevoir une de vos lettres, par laquelle vous me faisiez espérer que vous seriez bientôt à la Cour, je fis un peu de scrupule d'aller troubler votre repos jusque dans le désert, et crus qu'il valait mieux que j'attendisse à vous écrire, que vous en soyez sorti, c'est ce qui m'a fait différer de dix-huit mois ce que je n'ai jamais eu intention de différer plus de huit jours.

« Mais cette nouvelle m'a fait connaître que je pourrais être maintenant quelque autre part plus heureux qu'ici, et si l'occupation qui m'y retient n'était, selon mon petit jugement, la plus importante en laquelle je pusse jamais être employé, la seule espérance d'avoir l'honneur de votre conversation et de voir naître devant moi les fortes pensées que nous admirons dans vos ouvrages serait suffisante pour m'en faire sortir.

« Je suis devenu si philosophe que je méprise la plupart des choses qui sont ordinairement estimées et en estime quelques autres dont on n'est point accoutumé de faire cas. Pour cette heure, je me contenterai de vous dire que je ne suis plus en humeur de rien mettre par écrit. Je dors ici dix heures toutes les nuits, et sans que jamais aucun soin ne me réveille, après que le sommeil ait longtemps promené mon esprit dans des bois, des jardins et des palais enchantés, où j'éprouve tous les plaisirs qui sont imaginés dans les fables, je mêle insensiblement mes rêveries du jour et de la nuit, et quand je m'aperçois d'être éveillé, c'est seulement pour que mon contentement soit plus parfait, et que mes sens y participent, car je ne suis pas si sévère que de leur refuser aucune chose qu'un philosophe leur puisse permettre, sans offenser sa conscience. »

Incroyable ! Loin du tumulte mondain, le flamboyant Descartes du Perron mène une vie paisible de penseur. Il s'est retiré au désert ! La nouvelle, répandue par Balzac, retentit dans tout Paris, où la vie contemplative connaît une furieuse vogue depuis que l'abbé de Saint-Cyran est en réputation de sainteté. Le théologien de Port-Royal, persécuté comme tous les penseurs libres par Richelieu pour complaire au roi, au parti dévot et à la compagnie du Saint-Sacrement, symbolise maintenant la résistance au cardinal. L'imiter, faire retraite, c'est manifester son opposition. C'est du dernier chic.

Balzac veut en être. Il l'écrit à Descartes et lit sa lettre dans les salons et ruelles. « Je ne vis plus que dans l'espérance que j'ai d'aller vous voir à Amsterdam et d'embrasser cette chère tête, qui est si pleine de raison et d'intelligence. C'est ce qui m'empêche de vous convier de venir ici (à la Cour) où ... (il laisse un blanc car il s'agit de Richelieu) est toujours dans la servitude des cérémonies et des compliments, et fait le couillon avec une répugnance qui ne se saurait imaginer. Il a l'âme d'un rebelle et rend les soumissions d'un esclave. À ce qu'il dit, il n'a point d'ambition, mais il consent à celle d'un autre (le roi) et meurt d'une maladie qui n'est pas sienne. Voilà ce que c'est d'être complaisant et de faillir par obéissance.

« Pour moi, je ne suis pas si vain que je prétende être compagnon de vos travaux, mais j'en serai pour le moins spectateur, et m'enrichirai assez du reste et des superflus de votre abondance. Ne pensez pas que je fasse cette proposition au hasard, je parle fort sérieusement, et pour peu que vous demeuriez au lieu où vous êtes, je suis Hollandais aussi bien que vous, et messieurs des États (Généraux des Provinces-Unies) n'auront point un meilleur citoyen que moi, ni qui ait plus de passion pour la liberté. Il y a trois ans que mon imagination vous cherche, et que je meurs d'envie de me réunir à vous afin de ne m'en séparer jamais. »

Balzac a oublié que naguère il voulait obliger les Protestants, dont les calvinistes des Pays-Bas, à porter le chapeau jaune, comme les Juifs !

La réponse de Descartes révèle le fond de son caractère, lucide et détaché du monde. « Je ne trouve pas fort étrange qu'un esprit grand et généreux comme le vôtre ne se puisse accommoder à ces contraintes serviles auxquelles on est obligé à la Cour et puisque vous m'assurez tout de bon que Dieu vous a inspiré de quitter le monde, je croirais pécher contre le Saint Esprit si je tâchais à vous détourner d'une si sainte résolution. En cette grande ville où je suis, n'y ayant aucun homme, excepté moi, qui n'exerce la marchandise, chacun est tellement attentif à son profit que j'y pourrais demeurer toute ma vie sans être jamais vu de personne. Je vais me promener tous les jours parmi la confusion d'un grand peuple avec autant de liberté et de repos que vous sauriez faire dans vos allées, et je n'y considère pas autrement les hommes que j'y vois que je ferais des arbres qui se rencontrent en vos forêts ou les animaux qui y passent. Le bruit de leur tracas n'interrompt pas plus mes rêveries que ferait celui de quelque ruisseau. Si je fais quelquefois réflexion sur leurs actions, j'en reçois le même plaisir que vous avez de voir les paysans qui cultivent vos campagnes, car je vois que tout leur travail sert à embellir le lieu de ma demeure et faire que je n'y manque d'aucune chose. Quel autre lieu pourrait-on choisir au reste du monde, où toutes les commodités de la vie, toutes les curiosités qui peuvent être souhaitées soient si facile à trouver qu'en celui-ci ? Quel autre pays où l'on puisse jouir d'une liberté si entière, où l'on puisse dormir avec moins d'inquiétude ? Au reste, je vous dirai que je vous attends avec un petit recueil de rêveries, qui ne vous seront peut-être pas désagréables. »

Oui, Descartes taquine la muse Poésie et bien qu'il n'espère pas en être favorisé il aime passionnément les belles-lettres. L'air de Paris, léger, futile, entêtant comme un parfum, l'esprit, l'élégance, la beauté des Précieuses et des libertines lui manquent, il aimerait que Balzac lui en apporte un reflet. Mais une nouvelle mode traverse la capitale et entraîne comme plume au vent la tête légère du premier épistolier de France. Il oublie le désert, l'appel de Dieu et son ami « dont l'absence le fait mourir ». Il ne renonce plus au monde et colporte à nouveau avec délice les potins mondains.

Descartes, lui, s'est réellement fait ermite, mais cela ne va pas durer. Son intime ami Claude Picot, l'abbé Picot, flanqué de ses deux inséparables complices, vient le visiter. Ils se sont connus chez madame des Loges. Le plus jeune, Jacques Vallée, seigneur des Barreaux, ancien conseiller au parlement, a fréquenté assidûment Théophile de Viau et autres libertins. Le poète maudit, bisexuel et amoureux de ce beau garçon, lui a dédicacé et adressé ses *Lettres Latines*. Après sa mort en exil on n'a pas manqué de surnommer des Barreaux « la Veuve de Théophile », et depuis qu'il fait des vers « l'illustre débauché ».

Il n'a exercé sa charge de conseiller qu'une fois. Pour ce premier procès l'huissier lui a remis des sacs de documents. Découragé, il les a brûlés dans la cheminée. Les plaignants, qui réclamaient près d'une centaine d'écus à leur débiteur, crièrent à la ruine. Des Barreaux leur en a donné cent. « Me voilà quitte à bon compte », dit-il en quittant la robe. Peu après, il a vendu sa charge.

Son oncle François Vallée, seigneur de Chenailles, président des Trésoriers de France pour Paris, quoique plus âgé, n'a jamais renoncé à faire le galant et le bel esprit chez madame des Loges. Il est huguenot. Un jour de prêche, pendant qu'on chantait le seizième psaume, il a mis la main sur la gorge de la fille qui l'accompagnait et au lieu de dire « et en ta main » il a braillé « et en ton sein est et sera sans cesse le comble de la vraie joie et de la liesse. » Le prédicateur l'a menacé de l'exclure de la communauté. Cela ne l'empêche pas, à soixante ans, d'amener chaque dimanche ses conquêtes au temple. Le ministre du culte, fataliste, se contente de répéter « il faut bien que jeunesse se passe »...

Le prieur du Rouvre Claude Picot et ses deux amis fêtent généralement la Semaine Sainte chez la du Ryer, un célèbre établissement de jeu et de débauche où les rejoignent Miton, joueur professionnel qui jadis a « fait la paire » avec le sieur du Perron, le conseiller au Châtelet Potel et des bons lurrons pour « faire leur carnaval ».

Comment résister à ces vieux amis et joyeux drilles ? Les voici repartis tous quatre en goguette.

Et son *Traité du Monde* ? « Il va bien », écrit-il à Marin Mersenne, qui l'accable toujours de questions touchant les mathématiques, la physique, la philosophie. Il lui répond longuement, avec une patience inlassable, sauf s'il s'agit de théologie. Là, il coupe court aux controverses. « Je n'y répondrai pas, s'il vous plaît. »

Les mois, les années passent. Le Minime se fait pressant. Descartes le rassure, « il a laissé reposer son traité pendant quelques mois et le revoit avant de le mettre entre les mains des imprimeurs parisiens ». Mais on lui apprend que « Galilée est mis dans les prisons de l'Inquisition et son sentiment du mouvement de la Terre condamné d'hérésie ». Il écrit aussitôt à Mersenne.

« J'appréhende si fort le travail que si je ne vous avais promis il y a plus de trois ans de vous envoyer mon traité dans la fin de cette année, je ne crois pas que j'en pusse venir à bout de longtemps. Je veux faire au moins comme les mauvais payeurs, qui vont prier leurs créanciers de leur donner un peu de délais, lorsqu'ils sentent approcher le terme de leur dette. En effet, je m'étais proposé de vous envoyer mon Monde pour les étrennes. Mais je vous dirai que m'étant fait enquérir ces jours passés à Leyde et Amsterdam si *Le Système du Monde* de Galilée ne s'y trouvait point, parce que j'avais appris qu'il avait été imprimé en Italie l'année dernière, on m'a mandé qu'il était vrai que le livre avait été imprimé, mais que tous les exemplaires en avaient été brûlés à Rome dans le même temps, et l'auteur condamné. Ce qui m'a si fort étonné (stupéfié) que je me suis presque résolu à brûler tous mes papiers, ou du moins à ne les laisser voir à personne. »

En réponse Marin Mersenne lui raconte la version des faits rapportée par l'agent du cabinet noir de Richelieu, Gabriel Naudé, présent à Rome pendant l'affaire.

Selon lui, en 1613, treize ans après que l'ex dominicain Giordano Bruno, partisan de la théorie de Copernic et autres idées contraires à l'Écriture, convaincu d'hérésie, fut brûlé en public, Galilée a été dénoncé au Saint-Office par des dévots. « Fort de la protection du grand-duc de Toscane, ce savant a secoué le joug de la crainte de l'Inquisition, se moque des précautions dont ses confrères et les peuples soumis à sa juridiction sont obligés d'user, et se hasarde à publier son opinion avec la même liberté dont il a coutume de faire preuve dans ses entretiens. Il enseigne que le Soleil est au centre du monde et immobile, que la Terre tourne autour et sur elle-même ! »

Les cardinaux députés par la Congrégation de l'Inquisition ont commis des théologiens et des doctes pour examiner cet enseignement publié dans son livre *Des Taches du Soleil* et autres écrits. Les censeurs l'ont trouvé « absurde et faux en philosophie, mais surtout erroné en la foi ». Cependant ils se sont contentés d'interdire ses œuvres sans causer plus de chagrin à l'auteur, en considération parmi des cardinaux et personnes de marque et particulièrement chéri du pape Urbain VIII et du cardinal-neveu Barberini.

Galilée continuait à dogmatiser sur le mouvement de la Terre et condamner un savant aussi puissamment soutenu était périlleux. Le 29 février 1616 la Sacrée Congrégation tenue devant Sa Sainteté décida que le cardinal Bellarmini, l'un de ses fervents admirateurs, ferait venir le philosophe, lui administrerait des remontrances en son particulier et le porterait à se défaire volontairement de son opinion. Le cardinal l'exhorta et obtint sa parole sur tout ce que la Sacrée Congrégation exigeait qu'il renie. Néanmoins le commissaire du Saint-Office assisté d'un notaire et de témoins honorables lui porta commandement dans les formes d'y renoncer « avec défense de l'enseigner jamais ni en public ni en particulier ». Puis la Congrégation décréta contre la doctrine, attribuée à Pythagore. Elle la réputa fausse et contraire à l'Écriture Sainte, sans épargner le moine Copernic ainsi que le cardinal de Cusa, son savant prédécesseur en hérésie, le docteur en théologie Diègue de Zuniga pour l'avoir enseignée et le père Foscarini, un Carme italien qui venait de prouver dans une lettre savante à son supérieur général qu'elle n'est point contraire aux Saintes Écritures. Par égard pour Galilée le décret s'abstint de le nommer.

Les savants se moquaient de cette décision. « Les juges de l'Inquisition s'affirment infaillibles. Ce sont peut-être de grands astrologues mais sûrement de bien mauvais astronomes », disaient-ils. Ces railleries firent honte à Galileo Galilée qui regretta d'avoir cédé à la peur.

En 1620 la Sacrée Congrégation modifia par décret la censure des ouvrages de Copernic, dont son dernier traité, *De revolutionibus orbium coelestium libri VI*, daté de 1543, quelques mois avant sa mort. Elle permit de « supposer le mouvement de la Terre et de le défendre par hypothèse pourvu qu'il ne soit pas présenté comme une vérité ».

Voici le moyen, pensa Galilée, de tourner la parole donnée. Il reprit son enseignement et sous couvert de comparer la doctrine de l'Église et les nouvelles idées il fit imprimer en 1632 *Le Système du Monde, dialogue entre Ptolémée et Copernic*. Ces messieurs de l'Inquisition, dupés par le procédé, furent détrompés par un savant mathématicien. Ils citèrent Galilée à comparaître et le firent accuser par Carolo Sincero, procureur fiscal du Saint-Office. À l'issue du procès ils le déclarèrent suspect et atteint d'hérésie pour avoir avancé qu'on pouvait défendre comme probable une opinion déclarée contraire à l'Écriture, qu'en conséquence il encourait toutes les censures et les peines des

Sacrés Canons, dont néanmoins on lui promettait l'absolution pourvu que d'un cœur sincère et d'une foi non feinte il abjure et déteste devant ses juges les erreurs et hérésies susdites.

Le jour même, 22 juin 1633, au couvent de la Minerve, déesse de la Raison, Galileo Galilei dit Galilée, âgé de soixante-neuf ans, à genoux, la main sur les Saints Évangiles, « abjura et détesta de bouche et par écrit, promit qu'il ne dirait et ne ferait jamais rien de contraire à cette ordonnance » et regagna les prisons de l'Inquisition. Ses livres brûlèrent en public.

Son âge avancé, l'intervention de son protecteur le grand-duc de Toscane et l'appui d'amis des savants, dont le cardinal-neveu, le firent libérer en juillet. Mais bien que le pape Urbain VIII, comme son prédécesseur, aime particulièrement le grand philosophe, il dut composer avec le Saint-Office. Un an après un décret ordonna, afin que sa faute ne soit pas réputée impunie et serve d'exemple à ceux qui voudraient prendre semblable liberté à l'avenir, que ses *Dialogues* soient défendus, que l'auteur soit arrêté et mis dans la prison du Saint-Office et que pour pénitence salutaire il dise les sept psaumes pénitentiaux une fois par semaine pendant trois ans.

« Le cardinal-neveu, si fort amoureux des savants qu'il en entretient une foule à ses dépens, ajoute Naudé, obtint de son oncle qu'il soit seulement tenu de se retirer sous la protection du grand-duc de Toscane dans un lieu tenu secret, une maison à la campagne près de Florence, avec interdiction d'en sortir jusqu'à sa mort. »

Au reçu de ce récit, Descartes écrit au père Mersenne. « Je n'ai pu m'imaginer qu'un homme, qui est italien, et qui de plus est très bien vu par le Pape, à ce que j'apprends, ait pu être criminalisé pour avoir voulu établir le mouvement de la Terre.

« Je sais bien qu'il a été autrefois censuré par quelques cardinaux. Mais je croyais avoir ouï dire que depuis ce temps-là on l'enseignait publiquement, même dans Rome. Et j'avoue que si ce sentiment du mouvement de la Terre est faux, tous les fondements de ma philosophie le sont aussi, parce qu'il se démontre évidemment par eux. Il est tellement lié avec toutes les parties de mon traité que je ne saurais le détacher sans rendre le reste tout défectueux. Mais comme je ne voudrais pour rien au monde qu'il sorte de moi un discours où il se trouve le moindre mot désapprouvé par l'Église, j'aime mieux le supprimer que de le faire paraître estropié. »

Il renonce à se faire imprimer et le confirme quelques mois plus tard au Minime. Ce n'est pas la condamnation de l'Église qui le retient. Il ne publiera rien avant d'avoir lu *Le Système du Monde* car si son texte est proche de celui de Galilée il sera accusé de plagiat et perdu de réputation.

Ce contretemps ne le gêne pas. La chaîne des sciences lui apparaît dans toute sa splendeur, dit-il, et il ne veut en négliger aucune. La médecine, cet art si nécessaire, l'obsède. Il se fait livrer par des bouchers des têtes, des viscères, des abats et les animaux non consommables. Il s'enferme, prépare ses instruments de barbier-chirurgien et les dissèque sur un étal improvisé. Solitaire et obstiné, il entame un patient programme de recherches en anatomie et en physiologie.

Mersenne, indigné par le sort de Galilée, angoissé à l'idée que l'Inquisition prive l'humanité de l'œuvre capitale de son ami, lui envoie un résumé du *Système du monde* et lui donne avis qu'à Paris « un ecclésiastique de sa connaissance (lui, mais la censure des lettres ne lui permet pas de le dire) veut malgré le décret de la Congrégation faire imprimer un traité exprès pour prouver le mouvement de la Terre. » Brave Marin Mersenne, dans quelle mauvaise querelle son amour de la science va-t-il le mettre en danger ? Comment l'en dissuader délicatement ?

« Surpris de cette liberté chez un prêtre, bien qu'il sache assez que le clergé de France n'est pas plus justiciable de l'Inquisition que les laïcs du Royaume, où ce tribunal n'est pas reconnu », écrit Descartes, « il s'offre à le servir dans son travail et à lui donner quelques avis ». « L'ecclésiastique » accepte avec joie. Puis il lui écrit qu'il « souffre pour Galilée dans son cœur et s'intéresse à sa cause autant que n'importe quel mathématicien catholique », mais il lui fait part de ses craintes. Le prêtre téméraire n'est pas en sûreté à Paris. Il n'ose lui envoyer aucun avis ni aucune pensée sur ce sujet de peur de lui nuire auprès des dévots de la Contre-réforme catholique. Mersenne abandonne.

Un samedi soir l'un de ses amis, Bornius, apporte à Descartes son exemplaire du *Système du Monde*, écrit en Latin, et lui prête jusqu'à son départ le lundi matin. Il lui apprend que l'enquête menée par les jésuites, soupçonnés du forfait, a établi « à leur grand chagrin et confusion » que c'est le père Scheiner, un jésuite brouillé avec Galilée pour une sombre histoire, qui par jalousie lui a joué le méchant tour de le dénoncer au Saint-Office. Ils ont confié la nouvelle au savant chanoine Gassendi afin qu'il la répande.

Une journée suffit à Descartes pour analyser l'ouvrage majeur du savant italien. Il constate que les déductions Galilée sont en partie fausses parce qu'elles ne prennent pas en compte la totalité des travaux de l'astronome danois Tycho Brahe.

En fait, écrit-il à Mersenne, « il est un moyen très simple de contourner l'interdiction du Saint-Office, il suffit d'affirmer que la Terre ne se meut point... selon le système de Galilée. » Il n'a pas été en vain l'élève des jésuites ! « Si l'on considère le mouvement journalier, dit-il, on peut dire que la terre est fixe par rapport à la mer et à l'air, c'est le globe terrestre qui tourne ». Pour le mouvement annuel, même raisonnement, « la Terre est immobile au centre d'un tourbillon (qui comprend la Lune), et c'est l'ensemble qui tourne autour du Soleil ».

Au-delà de ce divertissement intellectuel qui permet de prendre l'Église à son propre jeu dialectique, Descartes précisera que « les tourbillons » ne peuvent être décrits que par les mathématiques. « Dans cent cinquante ans, les progrès de cette science permettront aux mathématiciens de les démontrer » ajoute-t-il. Mais un demi-siècle après lui la gravitation de Newton l'emportera et les « tourbillons » seront tournés en dérision. Il faudra attendre le début du XXe siècle, les mathématiques de Henri Poincaré et les équations de la courbure de l'espace-temps par la matière d'Albert Einstein puis la découverte des galaxies spirales pour confirmer la théorie des tourbillons.

Ses contemporains avaient raison de dire que René Descartes « pouvait éclairer tous les mystères de la nature » !

Mais le nombre de ses ennemis augmente. Dans les pays du Nord il doit se garder des théologiens calvinistes et des puritains fanatiques de la Bible. Ils la font respecter à la lettre et dénoncent les « hérésies papistes du moine Copernic ». Dans les États catholiques il est sous haute surveillance des intégristes et en danger de mort.

Que faisait Gabriel Naudé à Rome pendant le procès de Galilée ? Était-ce une coïncidence si cet agent du cabinet noir Richelieu et probablement des « bons catholiques » se trouvait là ? Comment faire la part de la réalité et des rumeurs, faut-il croire aux bruits d'assassinats politiques « souhaités » par le roi et organisés par le Cardinal ? Pourquoi sont-ils entretenus par les agents de Son Éminence ? Est-ce seulement pour intimider ses opposants ?

Richelieu utilise toujours les procès en sorcellerie pour éliminer les plus résolus. Le curé de Loudun, Urbain Grandier, animait le courage des bourgeois qui refusaient de livrer leur ville à la discrétion du pouvoir royal en laissant abattre les remparts. Le Cardinal qui, dit-on, « ne craint ni dieu ni diable » a repris la grotesque accusation de possession diabolique sur des nonnes cloîtrées et hystériques. Malgré l'opposition de médecins experts, du parlement et de l'archevêque de Bordeaux, amiral du roi et ami très cher de Grandier, le curé résistant, banalement accusé de démonolâtrie, a rôti vif en place publique après d'effroyables tortures et une parodie de procès.

Descartes se sait sous haute surveillance. Une défaillance du cabinet noir, qui n'a pas fait suivre le courrier intercepté pour contrôle, le confirme.

Il prévient le père Mersenne. « La perte des lettres que je vous avais écrites vers la fin du mois de novembre me fait croire qu'elles ont été retenues exprès par quelque curieux qui a trouvé moyen de les tirer du messager et qui savait peut-être que j'avais dessein de vous envoyer mon traité vers ce temps là, en sorte que si je l'avais envoyé, il aurait été au grand hasard d'être perdu. Il me souvient aussi que j'avais manqué auparavant de recevoir quatre ou cinq de vos lettres, ce qui nous doit avertir de ne rien écrire que nous veuillons bien que tout le monde sache, et au cas que nos lettres fussent de quelque importance, il faudrait les envoyer dans le paquet d'un marchand, car ceux qui les retiennent connaissent sans doute nos écritures. Je demeure maintenant à Amsterdam (cette fausse information est destinée à égarer les espions) d'où j'aurai moyen de recevoir plus souvent et peut-être plus sûrement de vos nouvelles que lorsque j'étais à Deventer, et je vous prie, si tôt que vous aurez reçu celles-ci, de vouloir prendre la peine de me faire réponse, afin que je sache si elles n'auront point été perdues. »

Ce moyen, c'est le courrier officiel du prince d'Orange. Grâce à son ami Constantijn Huyghens, secrétaire du prince, leurs lettres passeront par la « valise diplomatique ».

Puisque que cette lettre est lue par le cabinet noir, il précise que « son traité est si bien caché qu'attenter à sa vie serait le plus sûr moyen de ne jamais le retrouver ». L'expert en renseignement n'a rien perdu de son habileté !

Parfois il reprend du service. Il se rend régulièrement à La Haye, siège des États-Généraux des Provinces-Unies, pour visiter l'ambassadeur de France, le baron Hercule de Charnacé qui, écrit-il à Huyghens, « l'honore particulièrement de son amitié ». Le diplomate parvient à ménager un traité entre la France et les Pays-Bas. Par ses relations privilégiées avec le secrétaire du prince d'Orange Nassau et des personnalités de sa Cour, monsieur Descartes contribue à ce succès.

Mais un événement très étonnant survient. Il vit un grand amour avec une servante et le couple décide d'avoir un enfant. Il est conçu à Amsterdam, le dimanche 15 octobre 1634, note le futur père, toujours précis. Il suit attentivement la gestation pour son futur *Traité de l'Homme.*

Le 9 juillet 1635, 19 juillet selon le calendrier papiste, lui naît une fille. Le 27 juillet, style protestant, le 7 août, style catholique, Francine Descartes est baptisée à Deventer. C'est un nouveau sujet de scandale pour les calvinistes intégristes car ses parents ne sont pas mariés. Mais avec femme et enfant, Descartes est plus vulnérable.

En France les sociétés savantes et littéraires sont sous le contrôle direct de Richelieu qui leur « propose » de former un corps officiel, l'Académie française, « assuré de sa protection et réuni régulièrement par autorité publique ». Le Tyran Rouge fait élire directeur de cette assemblée Jacques de Serizay, intendant de la Maison la Rochefoucauld. Malgré son dévouement aux intérêts d'un Grand ennemi du Cardinal, le premier directeur, qui est de la Cour de Monsieur, est contraint de rédiger une supplique à Son Éminence pour lui demander d'honorer l'Académie de sa protection. Le despote ne néglige pas les petites vengeances humiliantes.

Richelieu se pique de littérature. Il dicte à ses secrétaires un copieux traité de théologie nourri par des savants docteurs en Sorbonne et tâte d'art dramatique. Cela consiste à proposer des canevas de pièces à cinq poètes de la Cour, dont le galant abbé de Boisrobert et un jeune dramaturge, Pierre Corneille, à charge pour eux de développer anonymement les œuvres cardinalices. Mais Corneille, auteur de deux charmantes comédies, las de recevoir des leçons de versification de Son Éminence, met fin à cette « collaboration » servile. On loue son courage, on blâme sa témérité. Toute sa carrière en est menacée, d'autant qu'il ose faire jouer ses pièces non par la troupe de l'hôtel de Bourgogne mais par celle du théâtre du Marais réputé repaire de ceux de la Rose+Croix » !

Richelieu, ivre de jalousie et de vengeance, provoquera « la querelle du Cid » parce que cette tragédie ne respecte pas la règle des trois unités, de temps, de lieu et d'action. Corneille en sera très affecté.

La mégalomanie du Tyran Rouge aggrave la répression, et Descartes « doit se tenir en grande discrétion ». L'académie Le Vasseur lui dépêche à ses frais monsieur de Villebressieux pour l'assister. « Ce remarquable ingénieur possède un génie tout particulier pour appliquer heureusement mes réflexions », écrit-il à ses amis.

Il lui explique notamment que « l'œil ne va pas prendre les images dans les objets » ou que « les objets ne s'approchent pas de l'œil », comme l'affirme l'enseignement scolastique. Ses travaux sur l'anatomie du globe oculaire montrent que la lumière est réfléchie par l'objet et imprime son image au fond de l'œil par la prunelle à travers l'humeur cristalline, de même qu'elle pousse par un trou l'image des objets qui paraissent peints, mais renversés, dans une chambre obscure. Il lui indique le moyen de la redresser et bien d'autres choses encore. « Toutes simples et naturelles que soient ces merveilles, écrit-il à l'académie Le Vasseur, elles ne laissent pas de lui causer beaucoup d'étonnement. »

Dès son retour à Paris, Villebressieux lui écrit sa reconnaissance. « Je ne puis assez dignement vous remercier des obligations que je vous ai. Il m'est impossible de m'en revancher qu'en vous faisant souvenir du bien que vous m'avez fait en général et en détail lorsque vous me faisiez l'honneur de m'aimer et de vous servir de moi à votre voyage de la Basse Allemagne, et (auparavant) à Paris ».

Car pendant ces deux ans de « commerce assidu » Descartes l'a entraîné dans un périple aux Pays-Bas. À Emden, en Frise orientale, ils ont embarqué pour Hambourg et visité des länder. Puis ils se sont quittés et Descartes est parti en Angleterre. Le plus grand des mathématiciens a consulté les membres de l'Invisible Collège et pris conseil.
Faut-il provoquer la réforme générale annoncée par le mythique fondateur de la Fraternité de la Rose+Croix ? Le monde en sera si profondément changé qu'il ne publiera qu'avec leur accord sans réserve. Il l'obtient à l'unanimité.

Il annonce à ses amis que « c'est tout de bon qu'il va se faire auteur, il n'est revenu dans cette ville que dans le dessein d'imprimer ». Le livre sera intitulé *Le projet d'une Science universelle qui puisse élever notre nature à son plus haut degré de perfection. Plus la Dioptrique, les Météores, et la Géométrie; ou les plus curieuses matières que l'Auteur ait pu choisir pour rendre preuve de la Science universelle qu'il propose sont expliquées, en telle sorte que ceux même qui n'ont point étudié les peuvent entendre.*

« Enfin Descartes s'abandonne à son génie », dirait Racine, qui écrivait toujours sous son portrait face à sa table de travail.

À la grande satisfaction de ses amis qui l'aident financièrement, il rédige en français avec un soin extrême aussi simplement et clairement que possible car il veut « se faire entendre de tout le monde, même d'un Turc » bien que les Ottomans, ces ennemis de la Chrétienté, menacent l'Europe d'une invasion.

Ses confrères lui ont trouvé un imprimeur hollandais, Jean Maire, à Leyde. En guise de droits d'auteur Descartes lui demande deux cents exemplaires gratuits. Puis il charge le père Mersenne de trouver un libraire parisien capable d'obtenir un privilège du roi pour diffuser le livre en France.

Le privilège n'est pas l'autorisation de publier, c'est l'interdiction d'imprimer le texte et de vendre sans l'accord du libraire éditeur qui en a la vente exclusive.

Le nom de l'auteur n'apparaîtra pas. Au moment de monter sur le théâtre du monde, Descartes s'avance masqué.

Marin Mersenne mobilise ses savants amis et alerte le père Dinet, son ancien préfet au collège de La Flèche, devenu le confesseur de Louis XIII. Le roi redoute de rôtir en enfer, il consent à tout pourvu que le jésuite sauve son âme ! Malgré cet appui décisif le Minime doit faire face à l'opposition résolue de Richelieu, des « bons catholiques » du parti dévot et des intégristes de la compagnie du Saint-Sacrement.

Après des mois de manœuvres, d'intrigues, de modifications, d'ajouts, dont « la référence à Dieu et la preuve de son existence » que Descartes « avait omise parce que cela sort du sujet », dit-il, le texte est accepté par le cabinet du chancelier chargé de la censure.

L'attente met les nerfs de l'auteur à rude épreuve et il reproche en termes vifs au dévoué Mersenne son excès de zèle intempestif. Mais l'intervention du père Dinet a permis au Minime d'obtenir pour le plus grand des mathématiciens un privilège du roi en son nom propre tant pour cet ouvrage que pour tous ceux à venir.

Chapitre 7

UNE GLOIRE IMMORTELLE

Le 8 juin 1637, le *Discours de la Méthode pour bien conduire sa raison et chercher la vérité dans les sciences. Plus la Dioptrique, les Météores et la Géométrie, qui sont des Essais de cette Méthode*, sort de la presse du libraire Jan Maire, à Leyde, Pays-Bas.

L'ouvrage est anonyme, mais le privilège du roi accordé à René Descartes révèle l'identité de l'auteur. À quarante et un ans il publie l'œuvre qui fonde un monde entièrement nouveau.

Avec le *Discours de la Méthode* et la *Géométrie* Descartes donne à l'humanité la Clef des Sciences et des Arts, la méthode, la mathématique et leurs applications aux mathématiques et aux sciences théoriques et expérimentales, « propres à examiner ce qui est défectueux et superflu dans les connaissances pour les porter à leur perfection ou les acquérir ». Les temps actuels commencent en juin 1637.

Mais à sa parution peu de mathématiciens saisissent l'importance de son quatrième livre.

« Ce traité de géométrie – auquel il aurait été plus à propos de faire porter le nom de « Mathématiques pures », parce que les choses que contient ce traité n'appartiennent pas davantage à la géométrie qu'à l'arithmétique et autres parties des mathématiques – dont l'excellence seule ne manquera pas d'acquérir une gloire immortelle à son auteur, mériterait d'être mis dans un volume à part, au lieu d'être rejeté sur la fin d'un livre, en quoi monsieur Descartes ne lui a pas rendu justice », écrit le père Ciermans, jésuite, professeur de mathématiques à l'université de Louvain.

« Ma *Géométrie* (la mathématique) est un traité que je n'ai presque composé que pendant qu'on imprimait mes *Météores*, et même j'en ai inventé une partie pendant ce temps-là », dira Descartes.

Gloire immortelle au premier instituteur de la mathesis universalis, la science des sciences !

La science universelle doit être accessible à tous. Au contraire de la *Géométrie*, Le *Discours de la Méthode* est un texte d'écrivain, une autobiographie qui propose au lecteur de s'élever avec lui vers les philosophies du savoir et de la connaissance.

« Mon dessein n'est pas d'enseigner ici la méthode que chacun doit suivre pour bien conduire sa raison, mais seulement de faire voir en quelle sorte j'ai tâché de conduire la mienne. Si j'écris en français, la langue de mon pays, plutôt qu'en Latin, langue de mes précepteurs, c'est dans l'espérance que ceux qui ne se servent que de leur raison naturelle toute pure jugeront mieux de mes opinions que ceux qui ne croient qu'aux livres anciens. J'ai voulu que les femmes mêmes pussent y entendre quelque chose », dit Descartes, car à l'exception des aristocrates les études scolastiques et théologiques leur sont interdites.

La première partie du *Discours* définit les principes de la philosophie du savoir pour bien conduire sa raison et chercher la vérité dans les sciences. Qu'elle soit simple ou complexe on distingue toujours la vérité par un acte semblable, ne rien accepter pour vrai sans examen.

C'est le doute méthodique, qu'il mettra en scène à la manière de Platon avec Socrate dans un dialogue avec Épistémon, « l'Intelligent » en Grec, qui fonde l'analyse critique du savoir et de son acquisition, l'épistémologie. « Ces longues chaînes de raisons, toutes simples et faciles, dont les géomètres ont coutume de se servir pour parvenir à leurs plus difficiles démonstrations m'avaient donné occasion de m'imaginer que toutes les choses qui peuvent tomber sous la connaissance des hommes s'entre-suivent en même façon et que pourvu qu'on s'abstienne d'en recevoir aucune pour vraie qui ne le soit, et qu'on garde toujours l'ordre qu'il faut pour les déduire les unes des autres, il n'en peut avoir de si éloignées auxquelles enfin on ne parvienne, ni de si cachées qu'on ne découvre. »

Tout est dit. L'archaïque scholastique, mélange confus et incohérent de commentaires obscurs des œuvres d'Aristote et des doctrines des Pères de l'Église rabâché par des pédants sadiques et grotesques, va progressivement disparaître pendant la seconde moitié du XVIIe siècle. Cinquante ans après la mort de Descartes, « le siècle des Lumières » annoncera l'avancée des idées émancipatrices, des découvertes, des sciences et techniques et des inventions, tous issus du *Discours de la Méthode* et de la *Géométrie.*

Cette œuvre fondatrice n'a pas cessé d'être falsifiée par les agitateurs d'idéologies scientistes et de dogmes religieux et politiques qui se disputent le pouvoir, et par ceux qui, faute de la comprendre entièrement, se limitent à ses applications rationnelles, « tandis que les plus subtils y trouveront aussi assez de matière pour occuper leur attention » car « le dernier et principal fruit de ces principes, est qu'on pourra, en les cultivant, découvrir des vérités que je n'ai point expliquées, et ainsi, passant peu à peu des unes aux autres, acquérir avec le temps une parfaite connaissance de toute la philosophie et monter au plus haut degré de sagesse », écrit Descartes.

Au reçu de ses deux cents exemplaires il donne deux volumes à son ami intime Constantijn Huyghens, secrétaire du prince d'Orange Frédéric-Henri, l'un pour le prince, l'autre pour lui et son fils Christiaan. « Celui-là est fils de mon sang » dira Descartes de ce physicien et astronome.

D'un commun accord ses amis de l'Ordre refusent le livre qu'il leur offre et l'achètent chez Jan Maire pour solliciter « l'honneur d'une dédicace ». Le baron de Charnacé, ambassadeur de France au Pays-Bas, lui propose de faire acheminer par la voie diplomatique « afin qu'ils voyagent en sûreté », manière délicate d'assumer les frais de transport des exemplaires adressés au roi, à Richelieu, nommé Principal ministre, au chancelier, aux dignitaires et officiers de la cour qui l'ont soutenu pour obtenir le privilège et ceux envoyés à Rome au cardinal-neveu, au cardinal Bellarmini, aux jésuites et au grand duc de Toscane.

Mais les ambassadeurs de la Couronne passent « de l'épée à la plume et de la plume à l'épée » au service des alliés de la France. Charnacé, qui commande un régiment d'infanterie des Provinces-Unies, est tué en relevant la garde devant Breda occupée par les Espagnols. Les néerlandais reprendront la ville le 10 octobre. Outre la perte de cet ami proche, qui l'affecte beaucoup, Descartes perd ce moyen de transport des livres et il est fort embarrassé.

Ses amis, alertés par Constantijn Huyghens, les font porter au père Mersenne dans un convoi de marchandises pour Paris afin de l'aider « sans froisser sa fierté ». Le Minime se charge d'en envoyer à ses professeurs du collège de La Flèche avec un message de l'auteur. « Ayant fait imprimer ces jours passés le volume que vous recevrez avec cette lettre, je suis bien aise de vous l'offrir comme un fruit qui vous appartient et dont vous avez jeté les premières semences en mon esprit », écrit Descartes au père Charlet. Mersenne n'oublie pas le père Dinet, son principal soutien, les autres jésuites dont l'appui est indispensable, Monsieur, frère du roi, et les personnes de qualité auxquels il convient d'adresser toute œuvre nouvelle avec dédicace, déférence et respect. Les deux cents exemplaires n'y suffisent pas.

En recevant un exemplaire magnifiquement relié par les soins de Marin Mersenne, Joachim Descartes ne fait qu'un commentaire.

– De tous mes enfants je n'ai de mécontentement que d'un seul. Faut-il que j'aie mis au monde un fils assez ridicule et futile pour écrire et se faire relier en veau !

Suivant le conseil du père Ciermans, Descartes fait imprimer à ses frais des exemplaires de sa *Géométrie* pour « prévenir les mathématiciens parmi les meilleurs » et ceux de l'académie Le Vasseur, Mydorge, Hardy, Picot, Plemplius, médecin féru de mathématiques. Il le prévient. « Je sais que le nombre de ceux qui pourront entendre ma *Géométrie* sera fort petit. Car j'ai omis toutes les choses que je jugeais ne pas être inconnues des autres ».

Mais « la chose est si ardue que bien peu l'entendent », lui écrit Florimond de Beaune.

« Ils ne comprennent pas ma démonstration à cause que j'en parle par A, B, etc., ce qui la rend en rien différente de celle des Anciens, sinon que par cette façon je puis mettre souvent en une ligne ce dont il leur fallait remplir deux ou trois pages, et pour cette cause elle est incomparablement plus claire, plus facile et moins sujette à l'erreur », répond Descartes.

Il ignore que Gilles Roberval, mathématicien, physicien, philosophe, astronome, mécanicien et cartographe, est professeur de mathématique au Collège Royal, donc il ne lui adresse pas un exemplaire du quatrième livre.

« Vexé de n'être pas compris dans le nombre des plus habiles géomètres du temps auxquels monsieur Descartes envoie sa *Géométrie* pour les prévenir, il en a conçu une animosité éternelle », écrit le père Mersenne à leurs amis communs.

Le vaniteux Gilles Personne, que le seigneur de Roberval a autorisé à prendre le nom de son village, a fondé l'Académia parisiensis de physique et de mathématiques dans le couvent des Minimes de Marin Mersenne avec Cyrano de Bergerac, Girard des Argues et des dévots, Étienne Pascal, président au Parlement de Paris, père de Blaise, et le chanoine Pierre Gassendi.

Pour le parti dévot « la vérité des choses de ce monde » est révélée par les Écritures Saintes. Les soumettre à l'épreuve du doute, comme le propose Descartes, est passible de la torture et du bûcher en place publique pour « crime d'hérésie ». Aux Pays-Bas il est en sûreté, mais le privilège du roi à son nom le désigne à la haine des fanatiques.

Roberval engage les dévots de l'Académia parisiensis et les mathématiciens Pierre de Fermat, son protecteur, et Beaugrand, qui est à Monsieur, frère du roi, dans une dispute contre la *Géométrie* de Descartes, qui leur tend des pièges mathématiques auxquels Roberval se laisse souvent prendre. Le parti dévot poursuivra la querelle contre son œuvre mathématique et philosophique bien après sa mort.

Révoltés par tant de haine et de hargne, Jean-Baptiste Morin, médecin, professeur de mathématique au Collège Royal, et Pierre Petit, ingénieur militaire, mathématicien et physicien, l'assurent de leur entier dévouement. Morin l'affirme dans une lettre publique à René Descartes.

« Le R. P. Mersenne peut vous assurer que j'ai toujours été l'un de vos partisans, et de mon naturel je hais et je déteste cette racaille d'esprits malins qui, voyant paraître quelque esprit relevé comme un astre nouveau, au lieu de lui en savoir bon gré de ses labeurs et nouvelles inventions, s'enflent d'envie contre lui et n'ont d'autre but que d'offusquer et éteindre son nom, sa gloire et ses mérites, bien qu'ils soient par lui tirés de l'ignorance des choses, dont libéralement il leur donne connaissance.

« J'ai passé par ces piques, et je sais ce qu'en vaut l'aune. La postérité plaindra mon malheur, et parlant de ce siècle de fer, elle dira avec vérité que la fortune n'était pas pour les hommes savants. Je souhaite néanmoins qu'elle vous soit plus favorable qu'à moi, afin que nous puissions voir votre nouvelle physique (s'imposer). »

Le père Mersenne fait copier et diffuse cette lettre dans les sociétés savantes et les universités.

Isaac Beeckman ne peut revendiquer sa *Géométrie*, il est mort le 20 mai 1637. Descartes écrit à Colvius, ministre de la Parole de Dieu, qui l'en a informé. « J'apprends les tristes nouvelles de la mort du sieur Beeckman, que je regrette, et je sais que, ayant été l'un de ses meilleurs amis, vous en aurez eu de l'affliction. Mais, monsieur, vous savez beaucoup mieux que moi que le temps que nous vivons en ce monde est si peu de chose en comparaison de l'éternité, que nous ne devons pas nous soucier d'être pris quelques années plus tôt ou plus tard. Monsieur Beeckman ayant été extrêmement philosophe, je ne doute pas qu'il se soit résolu depuis longtemps à ce qui lui est arrivé. » Il ne reste rien de son attachement de jeunesse envers son père de substitution.

Bien qu'extrêmement philosophe, Descartes se soucie de ne pas être pris quelques années plus tôt qu'à son terme naturel. Il redouble de prudence et change de résidence dès que sa présence est trop connue du voisinage.

Marin Mersenne lui écrit que Girard des Argues, « qui ne manque pas une occasion de le servir, a proposé au cardinal de Richelieu de faire fabriquer des lunettes astronomiques selon les règles qu'il donne dans sa *Dioptrique*, qui seules peuvent assurer de la réussite, et qu'en conséquence il serait bon d'assurer le retour à Paris et de pensionner monsieur Descartes afin qu'il dirige la main des tourneurs de verres et leur donne des nouvelles instructions à mesure qu'ils avanceront ou manqueront ». Le Principal ministre, conscient de l'enjeu économique et stratégique, car ces instruments découvrent l'ennemi de loin sur terre et sur mer, a répondu favorablement. Il vieillit, il est malade et perd de son influence sur Louis XIII, de plus en plus jaloux de son pouvoir.

Revenir en France serait se livrer au parti dévot, une imprudence mortelle. Descartes répond au Minime qu'il « apprend avec satisfaction que les desseins de Son Éminence, touchant les lunettes, n'ont pas abouti, mais qu'il ne croit pas que les pensées de monsieur le Cardinal dussent s'abaisser jusqu'à une personne de sa sorte. »

Il peut s'offrir ce « grand contentement ». Un négociant français résidant aux Pays-Bas, son ami Alphonse de Pollot, finance des recherches sur les lunettes et lui propose contre une honnête rétribution de superviser ces travaux supervisés par le secrétaire du prince d'Orange.

Constantijn Huyghens lui envoie un verre très imparfait réalisé par un tourneur hollandais sur ses indications. Après quelques essais et mesures, Descartes lui explique par lettre les défauts de son verre et lui envoie secrètement le sieur Ferrier, abandonné de tous, dont « il a tout lieu d'espérer, tant pour son habileté que pour son affection au travail. » Mais il n'oublie pas sa trahison et reste prudent. « J'irai volontiers à Amsterdam pour voir vos modèles et lui faire comprendre les précautions à observer, de telle manière que les secrets de votre industrie soient préservés », écrit-il. Il se fait fort d'obtenir un privilège du roi par ses amis de Paris afin que seuls messieurs de Pollot et Huyghens vendent ces lunettes en France.

Il demande à Mersenne l'adresse de Girard des Argues, car « depuis qu'ils se sont vus au siège de La Rochelle il ne s'est point avisé de s'informer de ce qui le regarde » et veut réparer cet oubli. « Pour l'amour de son ami », ayant appris que des points de sa *Géométrie* lui sont obscurs, il lui en donne les explications par lettre. Des Argues est de ce petit nombre d'amis pour qui il fait exception à la règle qu'il s'est prescrite depuis quinze ans, « à savoir ne plus perdre son temps à résoudre des problèmes de géométrie ».

Florimond de Beaune entreprend sous sa direction d'expliquer sa *Géométrie* afin de la rendre « intelligible aux mathématiciens de ce siècle ». Frans van Schooten, titulaire de la chaire de mathématiques de l'université de Leyde, en Hollande du Sud, la traduit en latin afin de la diffuser en Europe. Mais la traduction est entachée de tant d'erreur que Descartes en refuse la paternité.

La « philosophie cartésienne » se répand mais se heurte à une forte résistance des institutions et corporations.

En même temps que le médecin anglais Harvey Descartes a découvert la circulation du sang, ignorée par la médecine oficielle, et la fonction des valvules, ces « petites portes » qui obligent le sang à circuler dans le même sens par les artères et les veines. Cela provoque et un tumulte dans les facultés de médecine et l'indignation de barbiers-chirurgiens, grands praticiens des saignées et des lavements. Pourtant dans les universités des Pays-Bas, d'Angleterre, des länder protestants et des pays du Nord de nombreux savants se déclarent publiquement « cartésiens ».

Descartes a la satisfaction d'apprendre que Hendrik de Roy, dit Henricus Regius, professeur de médecine et de philosophie, se joint à son ami intime Hendrik Reneri qui enseigne à l'université d'Utrecht la méthode et la physique cartésiennes.
Mais dans le pays où il s'est réfugié il a un nouvel ennemi.

Le théologien calviniste Gijsbert Voet, ministre de la Parole de Dieu paranoïaque obsédé de « complots papistes, hérétiques et athéistes contre la vraie foi », traque « les propagateurs de mensonges diaboliques », d'innocents auteurs de divertissements, de romans comiques à la mode et de parodies des pesants, touffus et indigestes traités de théologie. Dans ses thèses interminables farcies de longues citations bibliques, signées à la mode des pédants Gisbertus Voetius, il réfute leurs « discours pernicieux » et les traite de « juifs » et « d'engeance de vipères ». Ses confrères ne se donnent plus la peine d'en disputer, ils le surnomment « le don Quichotte de la théologie ».

Quand il attaque Descartes, personne ne s'en soucie. À l'université d'Utrecht le nombre de « cartésiens » augmente, notamment parmi les étudiants en médecine. Regius prépare des thèses destinées à frapper le coup final contre les partisans de l'ancienne médecine et il serait souhaitable de s'assurer de la présence du maître pour rehausser l'éclat de l'événement. Il y a un moyen.

Monsieur Descartes goûte fort les femmes savantes, or il en est une à Utrecht, la très célèbre mademoiselle de Schurmans. Il suffit de lui vanter ses mérites.

– Cette merveilleuse fille, lui dit-on, est, à l'âge de vingt-sept ans, plus avancée que la plupart des vieillards dans la connaissance des arts et des sciences. Elle possède un très grand nombre de langues, qu'elle parle et écrit couramment. Elle n'ignore aucune de celles d'Europe, vivantes ou vulgaires, sans excepter le turc. Parmi celles d'Orient, elle s'est appliquée particulièrement à l'hébreu, au syriaque, au chaldéen et à l'arabe. Elle maîtrise toutes les finesses de la langue grecque, écrit le Latin mieux que des savants qui n'ont fait autre chose de toute leur vie et le Français presque aussi délicatement que Guez de Balzac.

Ce n'est pas tout !

– Elle n'a pas seulement la théorie des beaux-arts, elle s'est aussi perfectionnée dans leurs pratiques, avec une délicatesse exquise. De sorte qu'on va voir avec admiration les merveilleux ouvrages de ses mains, peintures, miniatures, enluminures, sculptures, gravures au burin et au diamant, sur cuivre, verre, cire, bois et pierre. Elle est fort exercée dans l'éloquence, la dialectique, la poésie. Elle ne s'est pas moins enfoncée dans les sciences les plus abstraites et les plus épineuses. Outre les mathématiques, elle sait la philosophie scolastique et la sophistique et en dispute admirablement ainsi que de la théologie, de l'Écriture Sainte et des livres des Pères de l'Église grecs et latins dont elle fait son entretien ordinaire dans le texte original.

Descartes se déclare fort désireux de rencontrer cette femme savante. Pendant qu'il rectifie les thèses de Regius et remplace les Cartesius du texte en Latin par Descartes, il lui vient une idée. Il lui annonce qu'il sera présent à la dispute des thèses et qu'il souhaite y assister dans « l'écoute », la loge de mademoiselle de Schurmans.

Regius obtient l'accord de « la merveilleuse demoiselle », flattée de cet honneur exceptionnel. Mais la rencontre se passe mal.

Dans le dessein évident de la séduire Voetius s'est avisé de lui donner des cours de théologie et de l'exercer dans les controverses religieuses

– Je ne lui ai point confié mon cœur, dit-elle à Descartes, mais depuis je ne trouve les ministres d'Utrecht ni assez réformés, ni assez spirituels.

Elle est tombée sous l'emprise d'un prédicateur puritain, Labadie, que les ministres calvinistes réputent « schismatique et faux prophète ».

– Désormais, ajoute-t-elle en baissant pudiquement les yeux, je me suis vouée corps et âme à Jésus-Christ.

Elle est donc perdue pour les hommes en général et pour Descartes en particulier...

Il l'écrit au père Mersenne. « Voetius a gâté la demoiselle de Schurmans. Car au lieu qu'elle avait l'esprit excellent pour la poésie, la peinture et les autres gentillesses (noblesses) de cette nature, il y a cinq ou six ans qu'il la possède tellement qu'elle ne s'occupe plus qu'aux controverses de la théologie. Ce qui lui fait perdre l'estime et la conversation des honnêtes gens. » Et il le dit à tous ceux qui veulent l'entendre.

– Voetius a déréglé cette pauvre fille, qui était la perfection même, et depuis elle perd l'esprit. La voilà maintenant dans les griffes de Labadie et de sa secte de fanatiques !

La nouvelle est colportée partout. Le théologien mythomane en conçoit une haine infinie, son « rival » devient l'Antéchrist à dénoncer haut et fort pour le faire brûler avec ses écrits !

Descartes était satisfait du jugement porté sur sa *Géométrie* par le père jésuite Ciermans, professeur de mathématiques à Louvain. « Et comme je sais la correspondance et l'union qui est entre ceux de cet Ordre, le témoignage d'un seul est suffisant pour me faire espérer que je les aurai tous de mon côté », avait-il écrit à son ami Huyghens. Mais un autre jésuite, le père Bourdin, professeur de mathématiques au collège de La Flèche puis de Clermont, le futur lycée Louis-le-Grand, fait attaquer sa *Dioptrique* par l'un de ses élèves lors de sa soutenance de thèse.

C'est « ce qu'il redoute le plus », écrit-il au secrétaire du prince d'Orange. « Je crois que je vais entrer en guerre avec les jésuites, car leur mathématicien de Paris a réfuté publiquement ma *Dioptrique* dans ses thèses. Sur quoi j'ai écrit à son Supérieur, afin d'engager tout leur Corps dans cette querelle. Car encore que je sois persuadé depuis long temps qu'il ne fait pas bon s'attirer des adversaires, j'estime pourtant que puisqu'ils s'irritent d'eux-mêmes, et que je ne les puis éviter, il vaut mieux une bonne fois que je les rencontre tous ensemble, que de les attendre l'un après l'autre, en quoi je n'aurais jamais de fin. »

Mais se faire autant d'ennemis catholiques et protestants le met plus en danger et entrave la diffusion de la philosophie cartésienne en Europe.

1640, année cruelle. Le 7 septembre Descartes perd sa chère petite fille. Francine meurt le troisième jour de sa maladie, « le corps tout couvert de pourpre », la rougeole, qui à cette époque tue un grand nombre d'enfant. Effondré, il écrit qu'elle lui a laissé par sa mort le plus grand regret qu'il ait jamais ressenti de sa vie. Ce qui prouve, disent ses amis, que la vraie philosophie n'étouffe point le naturel...

Trois semaines après il reprend le chemin de l'errance du corps et du cœur. Il quitte la maison familiale d'Amersfoort, à trois lieues d'Utrecht, et retourne à Leyde.

À Utrecht, Voetius, déchaîné, appelle à l'aide les théologiens catholiques et le père Mersenne, tandis qu'il met en garde les ministres calvinistes contre « cet espion français, ce jésuite sauvage, un jésuite de robe courte venu troubler les écoles des Provinces-Unies en manipulant Regius. » Mais il s'est brouillé avec la plupart d'entre eux. Ils écrivent au Minime qu'ils ne peuvent plus souffrir ses excès et ses impostures. Il faut regarder cette nouvelle lubie comme une suite du dérèglement de son esprit auquel ils sont accoutumés depuis longtemps.

Peu après la disparition de sa fille Descartes apprend la mort de sa sœur Jeanne, qui lui a tenu lieu de mère après le départ de sa nourrice et l'a tendrement aimé. En octobre, Marin Mersenne lui adresse ses condoléances pour la disparition de son père. Il l'ignorait. Ses frères n'ont pas jugé utile de l'informer ni de sa maladie ni de son décès. Un mois après que le corps de Joachim Descartes ait été porté en terre, son frère aîné Pierre lui écrit à la demande du notaire afin de régler les questions d'héritage.

Descartes est dans une situation financière critique mais il refuse les aides que lui renouvellent ses amis. Lord Cavendish, leader de l'Invisible Collège pour la Grande-Bretagne et grand-père ou grand-oncle du physicien et chimiste Henry Cavendish l'invite en Angleterre.

« Votre philosophie connaît dans tout le pays une vogue extraordinaire et je me fais fort, avec l'appui des nobles anglais acquis à l'Ordre, très nombreux, d'obtenir une charge de mathématicien royal sans obligation d'enseigner. » Mais les conflits qui agitent l'île et la guerre entre Charles 1er et les Écossais le font renoncer à cette invitation.

Ses amis français le pressent de revenir à Paris, car « sa guerre avec les jésuites » est terminée. Girard des Argues a demandé à son ancien préfet de La Flèche, le père Dinet, d'intervenir. À sa demande le Supérieur général de la Compagnie a enjoint au père Bourdin de poursuivre sa querelle à titre individuel. Mieux, le jésuite est certain d'obtenir une pension royale pour « le plus grand mathématicien que Dieu ait créé » et le fait appeler à la Cour. Descartes refuse. Par le cardinal-neveu du Pape, informé par le meilleur réseau d'espionnage d'Europe, celui du Vatican, il sait qu'il est toujours en danger de mort en France.

L'héritage de son père arrive bien. C'est la première et la dernière fois de que Joachim Descartes fait malgré lui quelque chose pour son fils. L'abbé Picot, muni d'un pouvoir de son ami intime, lance les discussions avec son frère aîné pour déterminer sa part d'héritage. Mais Descartes n'est plus sans ressources car ses amis s'empressent de lui proposer des prêts garantis sur son héritage. Puisqu'il pourra les rembourser, il accepte.

Il loue un modeste logis à Haarlem, la ville des artistes. Il aime la peinture, qu'il pratique en amateur, et noue une amitié profonde avec le maître Franz Hals qui exécute sur souscription de ses amis un magnifique portrait de lui. Un luxe inouï pour un homme qui cultive lui-même son jardin et se nourrit de ses légumes et des œufs de sa basse-cour...

C'est dans cette maison que pour répondre aux violentes disputes lancées contre lui par des clercs, doctes, intégristes et fanatiques en tous genres, Descartes écrit en Latin et publie à Paris, le 28 août 1641, *Meditationes de Prima Philosophia*, « Méditations sur la Philosophie Première », titré en Français *Méditations métaphysiques*, version savante du *Discours de la Méthode* dédiée « à messieurs les doyens et docteurs de la sacrée faculté de théologie de Paris », la Sorbonne, où il démontre longuement que la relation non réversible « je pense donc je suis », *cogito ergo sum*, est inaccessible au doute. Il a donné le manuscrit à lire aux jésuites et publie leurs objections et ses réponses avec le livre. Le Latin le fait mieux accepter par la censure royale puisqu'il n'est accessible qu'aux savants et le père Dinet intervient auprès du père Bourdin pour qu'il se réconcilie avec Descartes. La polémique s'éteint.

Mais la compagnie du Saint-Sacrement ne s'y trompe pas. Elle reconnaît dans ce texte ce qu'elle combat férocement, la libre pensée philosophique et métaphysique, et pour lui nuire elle délègue un curieux personnage.

Samuel Joseph de Sorbier, dit Sorbière, réside au Pays-Bas sous l'étrange pseudonyme de Guthbertas Higlandus. Ce médecin fait le tour des cabinets de savants et se présente partout comme « honnête homme », c'est-à-dire instruit et curieux de tout. Bien qu'il se déclare son partisan, Descartes, prévenu par ses amis, le reçoit prudemment. Comme toujours il tient caché le lieu sa nouvelle demeure, bâtie sur un promontoire rocheux en bord de mer entre La Haye et Haarlem, et se fait adresser son courrier chez Huyghens. Pour la trouver il faut être aidé par un puissant réseau d'espionnage. Ses questions faussement naïves confirment qu'il est en mission. Descartes reste évasif.

Sorbière, n'obtenant rien, se rend auprès du mathématicien, philosophe, astronome, théologien et chanoine Pierre Gassendi qui s'efforce de faire revivre l'austère confrérie d'Épicure. « Cartésien » chez Descartes, il se dit « épicurien » chez lui. Il répète en les déformant ses entretiens avec Descartes, l'aigrit contre lui, attise une querelle, la rend publique et fait attendre des merveilles de la dispute entre le savant chanoine et Descartes.

La notoriété de Gassendi assure un grand retentissement à ses écrits. Quand la foire du livre de Francfort, rendez-vous annuel des libraires d'Europe depuis l'invention de l'imprimerie, ouvre ses portes, les gens de lettres se précipitent sur le traité de Gassendi. Ils sont déçus. Il est mauvais et Descartes n'y répond que par une lettre publique à son éditeur. Claude Picot l'a rejoint aux Pays-Bas et ils mènent joyeuse vie.

Vœtius, hors de lui, l'accuse publiquement de libertinage, de « semer partout des enfants naturels », de « répandre l'athéisme » et « de se laisser adorer comme un prophète par les sectateurs de sa philosophie impie ». Descartes riposte férocement dans une lettre publique. « Vous ne voulez pas en conclure, je pense, que l'on doit moins estimer celui qui a reçu le jour de parents honnêtes que le malheureux qui, fils d'un goujat et né dans une taverne, n'a fait son apprentissage de vertu et de piété qu'au milieu des filles de joie et des valets d'une armée ? » C'est souligner cruellement et injustement que Vœtius serait né d'un courtier de fesse et d'une prostituée ou pour le moins d'une servante de bordel. Cela ne lui ressemble pas, mais il est excédé et cède à la colère.

Il a tort de traiter Vœtius par le mépris car Sorbière et des experts en droit de la Compagnie du Saint-Sacrement assistent le dément.

L'accusation d'athéisme et de prophétisme, amplifiée par la calomnie, est portée devant la cour d'Utrecht. Descartes, qui réside dans la province de Hollande, près de La Haye, se croit hors de portée du dément. Il n'en est rien, car les Provinces-Unies sont liées par des accords judiciaires. Une, puis deux personnes l'informent que les sentences rendues dans l'une sont exécutoires dans les autres. Il s'en inquiète enfin auprès de ses amis. « On me dit, de plus, qu'ils (Vœtius et les complices de Sorbière) ont écrit pour cela à la cour de Hollande, de façon que, s'ils y obtiennent ce qu'ils désirent, il pourrait arriver que, sans que j'y pensasse, on viendrait à Hoef (où il demeure) saisir mes papiers, qui est tout le bien qu'ils pourraient saisir, et brûler cette malheureuse philosophie, qui est cause de toute leur aigreur. » Son ami Wilhel, qui l'a informé de la procédure, alerte Alphonse de Pollot et Constantijn Huyghens. À la demande de son secrétaire le prince d'Orange-Nassau Frédéric-Henri intervient auprès de la cour d'Utrecht pour faire cesser les poursuites.

Descartes remercie Huyghens. « J'ai appris, de monsieur de Pollot, que vous et lui m'avez fait la faveur d'avoir soin que je ne puisse être surpris par des lettres d'attache, de quoi je vous ai très grande obligation, et je vous supplie très humblement de vouloir continuer en ce soin, car j'en ai plus besoin que jamais, mes ennemis ne dorment pas, ils sont plus violents et plus artificieux qu'on ne saurait imaginer, et maintenant que j'entends parler de prise de corps, je ne me tiendrais plus ici en sûreté, si je ne m'assurais entièrement sur votre amitié. Mais cependant, afin que vous sachiez que « mihi etiam vacat in vicinia mortis carmen facere » (à l'approche de la mort, je travaille encore) et que ces brouilleries n'empêchent pas mes divertissements ordinaires, je vous dirai que j'en suis maintenant à l'explication de la pesanteur. »

Pendant que les disputes entre partisans et adversaires de sa philosophie animent les salons mondains, dans la solitude de ses demeures successives afin d'échapper aux agents des « bons catholiques » chargés de l'assassiner, il poursuit ses recherches scientifiques, de la physique à la médecine, pour adoucir la peine des hommes, principal objet des sciences, répète-t-il.

À Paris, ses amis « instruits de ses malheurs » lui demandent de revenir en France. Richelieu est mort en 1642 et Louis XIII en 1643. Sous la régence d'Anne d'Autriche Mazarin mène une politique d'apaisement.

Fin juin 1644 il est chez l'abbé Picot. On le retrouve aussi au palais des Tournelles, auprès de Claude Mydorge, où tous ses amis se pressent pour l'embrasser après quinze années d'absence, et au couvent des Minimes, place Royale, lorsqu'il visite le père Mersenne. À Blois il salue Florimond de Beaune, trop incommodé par la goutte pour venir à Paris, qui lui montre quelques lunettes de sa fabrication.

– Encore qu'elles ne comportent que des verres sphériques, faute de pouvoir appliquer par manque de méthodes techniques les excellents principes de votre *Dioptrique*, elles se révèlent assez bonnes, lui dit-il.

Enfin Descartes va en Bretagne pour régler la succession de son père. « Mon beau-frère, veuf de ma sœur Jeanne, et mon demi-frère Joachim me rendent toutes les satisfactions qu'on est en droit d'attendre de ses parents », écrit-il à ses amis. Il ne dit rien de son frère aîné Pierre qui le poursuit de la haine paternelle et multiplie depuis des années les obstructions de procédure.

Durant ces sordides tractations une lettre de Claude Picot lui annonce l'arrivée à Paris des exemplaires d'auteur de *Principia philosophiae*, « les Principes de la philosophie », publié à Amsterdam et dédié à sa chère princesse philosophe, Élisabeth de Bohème, où il énonce en Latin les fondamentaux de la philosophie de la connaissance. Il multiplie les arguments ontologiques dans les limites de l'entendement humain, « qui ne saurait avoir aucune connaissance de la divinité, dit-il. Nous pouvons avoir une idée claire et distincte d'une substance incréée qui pense et qui est indépendante, c'est-à-dire d'un Dieu, pourvu que nous ne pensions pas que cette idée nous représente tout ce qui est en lui, et que nous n'y mêlions rien par une fiction de notre entendement ».

Alors que l'Europe catholique et protestante s'entretue dans une guerre meurtrière depuis près de trente ans, qualifier les doctrines et dogmes religieux de « fictions mêlées à l'idée d'un Dieu » le met plus encore en danger de mort...

Son aversion pour les discussions d'argent l'incite à conclure un contrat avec son frère aîné qui s'engage à lui verser des rentes constituées sur ses parts d'héritage. « L'arrangement est mauvais », écrit-il à Claude Picot, mais il évite un procès qu'il ne pourrait soutenir faute de moyens. Il lui signe des procurations pour aliéner ou vendre les contrats afin d'obtenir des ressources immédiates.

Il distribue les exemplaires d'auteur des *Principes de la philosophie*, salue ses amis et regagne les Pays-Bas. Il n'est revenu en France que contraint par ses besoins d'argent et il a hâte de retrouver à la Cour de la reine de Bohème, veuve de l'Électeur palatin décéouronné après la bataille de la Montagne Blanche devant Prague, son dernier grand amour, leur fille, la princesse Palatine Élisabeth de Bohème, l'une de ces femmes savantes dont Descartes raffole.

Chapitre 8

L'HOMME TOUT ENTIER NOMMÉ DESCARTES

La princesse Palatine Élisabeth de Bohème est amoureuse du plus grand des mathématiciens et Descartes aime la princesse philosophe.

« Elle entend mes mathématiques comme bien des mathématiciens qui ne comprennent pas ma métaphysique et ma philosophie comme bien des philosophes qui n'entendent pas mes mathématiques », écrit-il, extasié, à ses amis.

Après tant d'errances du cœur il découvre les joies des amours romantiques... Émerveillé par cette liaison secrète avec une princesse qui signe ses lettres *votre amie*, il ne peut la cacher à ses intimes. Il écrit à de Pollot « La rencontre de quatre ou cinq visages français qui descendaient de chez la Reine (de Bohème) au même moment que je sortais de chez Madame la Princesse de B... (Bohème), fut cause que je n'eus pas dernièrement l'honneur de vous revoir, et que je m'en allai sans dire adieu » (pour ne pas être vu).

Mais ce bonheur ne va pas durer. Moins d'un an après son retour une sordide affaire y met fin.

Un gentilhomme français, l'Espinay, favori de Gaston d'Orléans, chassé de la Cour et de France pour avoir cocufié Monsieur avec l'une de ses maîtresses, la belle Louison, s'est réfugié aux Pays-Bas à la Cour de l'éphémère reine de Bohème. Il a, dit-on, « cajolé la reine puis l'une de ses filles, la princesse Louise, et l'a si bien galantinée qu'elle est devenue grosse et est allé accoucher secrètement à Leyde. » Pour venger l'honneur de sa Maison son frère Philippe l'a fait tuer en sa présence par ses gardes du corps anglais. L'Espinay, bon escrimeur, était accompagné du fils de madame des Loges.

– Ce jeune homme n'a point mis l'épée à la main, rapportent des témoins, indignés. L'Espinay s'est défendu et a été percé de tant de coups que les lames se rencontraient dans son corps. Après quelque résistance à genoux il a rendu l'esprit.

Ce lâche attentat soulève la réprobation générale. La reine de Bohème, indignée, et selon les rumeurs « secrètement peinée » par la mort du beau l'Espinay, exile son fils. Comme la princesse Élisabeth a manifesté publiquement son chagrin de la conduite de sa sœur, donc celle de sa mère, elle l'exile aussi sous prétexte de complicité avec son frère. Elle est hébergée à la cour de Prusse, à Berlin. Descartes lui écrit pour l'exhorter au courage, et lui parle de la joie intérieure, force vitale capable de forcer le destin. « Il serait mort de la même maladie du poumon que sa mère, si, comme elle, il s'était laissé aller à la mélancolie ».

« Et même aussi j'ose croire que la joie intérieure a quelque secrète force pour se rendre la fortune favorable. Je ne voudrais pas écrire ceci à des personnes qui auraient l'esprit faible, de peur de les induire à quelque superstition, mais au regard de Votre Altesse j'ai seulement peur qu'elle se moque de me voir devenir trop crédule. Toutefois j'ai une infinité d'expériences et avec ça l'autorité de Socrate pour confirmer mon opinion.

« Les expériences sont que j'ai souvent remarqué que les choses que j'ai faites avec un cœur gai, et sans aucune répugnance intérieure, ont coutume de me succéder heureusement, jusque-là même que, dans les jeux de hasard, où il n'y a que la fortune (la chance) seule qui règne, je l'ai toujours éprouvée plus favorable, ayant d'ailleurs des sujets de joie, que lorsque j'en avais de tristesse.

« Ce qu'on nomme communément « le génie de Socrate » n'a sans doute été autre chose, sinon qu'il avait accoutumé de suivre ses inclinations intérieures et pensait que l'événement de ce qu'il entreprenait serait heureux lorsqu'il avait quelque secret sentiment de gaieté et au contraire qu'il serait malheureux lorsqu'il était triste. » Il développe ces réflexions dans un texte à l'intention de la princesse, *De deo Socratis*, « Du divin Socrate ».

Mais le jour même, 18 mai 1645, il écrit à Alphonse de Pollot « J'ai vieilli de vingt ans en moins d'une année ».

Il est à jamais séparé de sa princesse philosophe. Il en souffre. Il doute d'elle, il doute de lui. L'aime-t-elle encore ? Certainement, mais d'amour platonique, comme on aime un maître spirituel. Elle aime le penseur, il répond à ses inquiétudes, à ses interrogations, à ses incertitudes. Elle se plaint des revers de fortune qui ne cessent de persécuter sa Maison et la rendent malade. Son oncle par alliance le roi d'Angleterre Charles Ier, chassé du trône, va de revers en revers.

Elle demande à Descartes de lui expliquer ces infortunes par rapport au souverain bien dont il dit dans *Les Principes de la Philosophie* que « ce souverain bien considéré par la raison naturelle sans la lumière de la foi n'est autre chose que la connaissance de la vérité par ses premières causes, c'est-à-dire la sagesse, dont la philosophie est l'étude ». Mais comment rechercher la vérité par la raison, sans la lumière de la foi, en échappant à la censure des théologiens ? Son courrier étant espionné, elle prie monsieur Descartes de lui écrire par l'intermédiaire de sa sœur la princesse Sophie.

Il réagit en professionnel du renseignement et propose de chiffrer leurs lettres. « J'ai examiné le chiffre que vous m'avez envoyé, je le trouve fort bon, mais trop prolixe (trop long) pour écrire tout un sens », lui dit-elle. Ils ne l'utiliseront que pour échanger leurs pensées intimes.

Dans de longues lettres il la soutient par sa philosophie. Mais il doute de lui. Elle est jeune, elle est belle, elle est intelligente, elle est princesse palatine de Bohème et elle l'admire immensément. Mais l'aime-t-elle en tant qu'homme ? Peut-on encore aimer René Descartes ? Il a cinquante ans, l'âge des barbons. Il se sent vieux, laid, usé, bouffi, fatigué. Il perd ses cheveux. Chez le meilleur faiseur de Paris il achète des perruques en vrais cheveux, longs, raides, très noirs, mêlés par coquetterie de cheveux gris, qui imitent au mieux sa coiffure naturelle. Il a depuis longtemps renoncé au port de l'épée et n'est plus qu'un paisible usager de la poste et des bateaux publics sur les canaux des Pays-Bas. Mais le cœur n'y est pas. Les femmes ne l'aiment plus pour lui-même. Monsieur Descartes est le plus malheureux des hommes.

Il l'écrit à ses amis. « La philosophie que je cultive n'est pas si barbare ni si farouche qu'elle rejette l'usage des passions, au contraire c'est en lui seul que je mets toute la douceur et la félicité de cette vie. »

Il est encore capable d'aimer, il va le prouver à sa princesse philosophe puisque à sa demande il entreprend la rédaction d'un *Traité des Passions*. Il l'explique à un autre ami qui s'étonne de le voir si malheureux.

« Vous inférez de ce que j'ai étudié les passions que je ne dois plus en avoir aucune, mais je vous dirais que, tout au contraire, en les examinant je les ai trouvées presque toutes bonnes, et tellement utiles à cette vie que notre âme n'aurait pas sujet de vouloir demeurer jointe à son corps un seul moment si elle ne les pouvait ressentir. »

Le Dom Juan de Molière, le Don Giovanni de Mozart, porte-parole des libertins et portraits des artistes par eux mêmes, choisiront la mort plutôt que le renoncement. Lui « s'oblige à procurer autant qu'il est possible le bien général à tous les hommes » aussi longtemps qu'il vivra.

Dans sa modeste demeure, louée à des petits paysans, il cultive son jardin pour se nourrir. Aux visiteurs qui demandent à voir sa bibliothèque il montre son clapier, sa basse-cour. Ses livres, ce sont les animaux qu'il dissèque. Il se prive de vin et de viande, qu'il réserve à ses rares invités sous prétexte d'être au régime. Dans la gêne et la solitude il prépare le *Traité de l'Homme et de l'Animal*, texte fondateur des sciences de la vie, de la physiologie et de la médecine scientifique.

Il ne demande rien pour lui-même, mais il écrit à Constantijn Huyghens, secrétaire du prince d'Orange, pour aider des personnes en détresse.

« Je sais que vous avez tant d'occupations, qui valent mieux que de vous arrêter à lire des compliments d'un homme qui ne fréquente ici que des paysans, que je n'ose m'ingérer de vous écrire que lorsque j'ai quelque occasion de vous importuner. Celle qui se présente maintenant est pour vous donner sujet d'exercer votre charité en la personne d'un pauvre paysan de mon voisinage, qui a eu le malheur d'en tuer un autre. Ses parents ont dessein d'avoir recours à la clémence de Son Altesse (le prince d'Orange) afin de tâcher d'obtenir sa grâce, et ils ont désiré aussi que je vous en écrivisse, pour vous supplier de vouloir seconder leur requête d'un mot favorable, en cas que l'occasion s'en présente. »

Commence alors une superbe plaidoirie.

« Pour moi, qui ne recherche rien tant que la sécurité et le repos, je suis bien aise d'être en un pays où les crimes soient châtiés avec rigueur, parce que l'impunité des méchants leur donne trop de licence. Mais parce que tous les mouvements de nos passions n'étant pas toujours en notre pouvoir, il arrive quelquefois que les meilleurs hommes commettent de très grandes fautes, pour cela l'usage des grâces est plus utile que celui des lois à cause qu'il vaut mieux qu'un homme de bien soit sauvé que non pas que mille méchants soient punis, aussi est-ce l'action la plus glorieuse et la plus auguste que puissent faire les princes que de pardonner.

« Le paysan pour qui je vous prie est ici en réputation de n'être nullement querelleux, et de n'avoir jamais fait de déplaisir à personne avant ce malheur. Tout ce qu'on peut dire le plus à son désavantage, est que sa mère était mariée avec celui qui est mort, mais si on ajoute qu'elle en était aussi fort outrageusement battue, et l'avait été pendant plusieurs années qu'elle avait tenu ménage avec lui, jusqu'à ce qu'enfin elle s'en était séparée, et ainsi ne le considérait plus comme son mari, mais comme son persécuteur et son ennemi, lequel même, pour se venger de cette séparation, la menaçait d'ôter la vie à quelqu'un de ses enfants, on trouvera que cela même sert beaucoup à l'excuser.

« Et comme vous savez que j'ai coutume de philosopher sur tout ce qui se présente, je vous dirai que j'ai voulu rechercher la cause qui a pu porter ce pauvre homme à faire une action, de laquelle son humeur paraissait être fort éloignée, et j'ai su qu'au temps que ce malheur lui est arrivé, il avait une extrême affliction, à cause de la maladie d'un sien enfant dont il attendait la mort à chaque moment, et que, pendant qu'il était auprès de lui, on le vint appeler pour secourir son beau-frère, qui était attaqué par leur commun ennemi (l'ex mari de sa mère). Ce qui fait que je ne trouve nullement étrange de ce qu'il ne fut pas maître de soi-même en telle rencontre, car lorsqu'on a quelque grande affliction et qu'on est mis au désespoir par la tristesse, il est certain qu'on se laisse bien plus emporter à la colère, s'il en survient alors quelque sujet, qu'on ne serait en un autre temps. Et ce sont ordinairement les meilleurs hommes, qui, voyant d'un côté la mort d'un fils et de l'autre le péril d'un frère, en sont le plus violemment émus. C'est pourquoi les fautes ainsi commises, sans aucune malice préméditée, sont, ce me semble, les plus excusables. Aussi lui fut-il pardonné par tous les principaux parents du mort, au jour même qu'ils étaient assemblés pour le mettre en terre. »

Lui–même, après la mort de sa fille Francine s'est laissé emporté par la colère contre le grotesque Vœtius.

En échange de son intervention, Constantijn Huyghens le prie de terminer son *Traité de Mécanique* où il crée la notion de travail accompli par des forces, base de l'ingénierie mathématique.

Le livre sort des presses néerlandaises Elzevier le 10 juillet 1646, après plus d'un an de travail à cause des nombreuses gravures qui l'illustrent. Descartes l'a écrit en Latin et grâce à sa notoriété répandue par les « cartésiens » il est diffusé dans tous les pays d'Europe, ce qui relance la dispute entre ses partisans et ses ennemis.

L'ambassadeur de France en Suède, Pierre Hector Chanut, qu'Alphonse de Pollot a fait admettre dans l'Ordre pendant son séjour à La Haye, le prie en vain de « livrer de nouveaux livres au public » pour répondre aux calomnies. Il refuse.

Il est las des persécutions, las des attaques, las des censeurs et le lui écrit. « Je crois que le mieux que je puisse faire dorénavant, est de m'abstenir de faire des livres, et ayant pris pour devise celle de Sénèque, Illi mors gravis incubat, qui, notus nimis omnibus, ignotus moritur sibi (Une mort pénible l'attend, celui qui, trop connu de tous, meurt inconnu de lui-même), de n'étudier plus que pour m'instruire, et ne communiquer mes pensées qu'à ceux avec qui je pourrai converser privément, je vous assure que je m'estimerais extrêmement heureux si ce pouvait être avec vous. »

Il le signifie au père Mersenne, qui l'abreuve d'objections, dont celle du porte-parole du parti dévot, Roberval. Il ne veut plus perdre son temps à résoudre des problèmes de géométrie et ne se préoccupe que d'anatomie, de physiologie, de médecine. Il en parle volontiers avec le Minime.

« Pour la formation des poulets dans l'œuf, il y a plus de quinze ans que j'ai lu ce que Fabricius ab Aquapendente en a écrit, et même j'ai quelquefois cassé des œufs pour voir cette expérience.

Mais j'ai bien eu plus de curiosité : car j'ai fait autrefois tuer une vache, que je savais avoir conçu peu de temps auparavant, exprès afin d'en voir le fruit. Et ayant appris, par après, que les bouchers de ce pays en tuent souvent qui se rencontrent pleines, j'ai fait qu'ils m'ont apporté plus d'une douzaine de ventres dans lesquels il y avait de petits veaux, les uns grands comme des souris, les autres comme des rats, et les autres comme de petits chiens, où j'ai pu observer beaucoup plus de choses qu'en des poulets, à cause que les organes y sont plus grands et plus visibles. »

Pendant qu'il poursuit dans sa retraite toujours tenue secrète ses travaux et spéculations son influence grandit dans les universités anglaises, danoises, allemandes et néerlandaises.

En France la philosophie cartésienne est enseignée sous le couvert d'Aristote. Le beau-frère de l'ambassadeur Chanut, Claude Clerselier, et le duc de Luynes, fils du favori de Louis XIII, que sa condition sociale protège de la cabale des dévots, ont traduit en Français et publié les Méditations sur la Philosophie Première, qu'ils intitulent *Méditations métaphysiques*. Mais la réaction anticartésienne se renforce. Des calvinistes puritains alliés aux « damnés papistes » du parti dévot et la Compagnie du Saint-Sacrement accusent Descartes de « pélagianisme », une hérésie du quatrième siècle. Cette accusation théologique vise à faire interdire définitivement sa philosophie et la nomination de professeurs « cartésiens » dans les universités.

À Leyde, Regius, titulaire de la chaire de médecine et de philosophie de l'université obtenue avec l'appui de Descartes, le combat furieusement pour plaire aux théologiens fanatiques afin d'être élu Recteur.

Le manque d'argent le gêne davantage. L'un de ses intimes, Antoine Studler Van Surck seigneur de Berghen, lui prête des fonds garantis par les contrats passés avec ses frères sur sa part d'héritage paternel mais il limite ces emprunts au strict nécessaire. L'abbé Picot, son fondé de pouvoir en France, s'en indigne. Il traduit en Français et fait corriger par l'auteur la version latine des *Principes de la Philosophie*. Dans la préface il veut lancer une souscription pour financer ses recherches. Descartes refuse. « Le public ne me doit rien », dit-il.

Girard des Argues, « toujours attentif à le servir », mobilise ses partisans et le père Dinet. Descartes a la satisfaction d'apprendre à Constantijn Huyghens qu'il va recevoir de la France la pension que le prince d'Orange-Nassau lui a proposée depuis longtemps sur sa fortune personnelle et qu'il a toujours refusée car « il appartient au royaume dont il écrit la langue pour sa plus grande gloire de le financer ».

En juin 1647 il part pour Paris. Il y retrouve ses amis et partisans, qui le fêtent, et rencontre Blaise Pascal, auteur, à seize ans, d'un *Essai sur les Coniques* tiré de la géométrie prospective de Girard des Argues.

En novembre il est de retour aux Pays-Bas après avoir payé très cher son brevet de pension qui ne lui sera jamais versée. La compagnie du Saint-Sacrement veille à le desservir !

À Leyde la querelle menée par Regius se rallume. Il dénonce son ancien maître dans des placards affichés dans les rues et annonce un livre polémique. Descartes ne veut pas signer de son nom un texte qui, au-delà d'une réponse à Regius, sera un manifeste métaphysique, car cela déclencherait des querelles nuisibles, créerait des confusions et nuirait à la diffusion de sa philosophie.

Son hôte à Leyde, Cornelius Van Hooghelande, « en union étroite avec lui depuis son installation aux Pays-Bas », dépositaire de ses lettres et paquets, car il tient toujours le lieu de sa demeure rigoureusement secret, est réputé dans le public « être de la Rose+Croix » car il exerce la médecine gratuitement pour tous. Dès 8 heures du matin jusqu'à 2 heures de l'après-dîner de midi, en pantoufles et bonnet de nuit, il reçoit dans le vestibule de son logis des malades pauvres, diagnostique et leur donne des drogues et remèdes qu'il fabrique dans le laboratoire où après son père il travaille au Grand Œuvre alchimique symbolique et opératif. Il sollicite aussitôt l'honneur d'être le prête-nom de Descartes. Quand Regius publie son pamphlet « anticartésien », paraît un traité, *Cogitationes quibus Dei existencia, item Animae spiritalitas, et possibilis cum Corpore unio demonstratur, noc-non brevis historia oeconomiae corporis animals proponitur atque mechanice explicatur*, signé Cornelius van Hooghelande. L'auteur le dédie à monsieur Descartes.

Les érudits ne s'y trompent pas. « Ce traité si conforme à ses principes n'a pu être composé par un homme, aux connaissances estimables, certes, mais incapable de s'élever à ces hauteurs », dit-on dans les milieux lettrés. À Rome, on est persuadé. Selon un rapport d'un Minime, le père Magnan, « le nom de Hooghelande est un masque sous lequel monsieur Descartes a voulu paraître déguisé pour publier une nouvelle œuvre, afin d'esquiver le débat avec les théologiens et censeurs. »

La querelle s'envenime, le prince d'Orange-Nassau Frederick-Henry intervient pour la faire cesser, mais il meurt peu après et l'Université de Leyde interdit qu'on parle de monsieur Descartes en bien ou en mal.

Monsieur Descartes ne s'en soucie pas. Il rédige un *Traité des passions* pour sa chère princesse philosophe. Alors qu'il n'est plus protégé par le prince, il ose analyser « les ressorts de l'âme humaine ».

En France, la querelle en mathématiques et en physique reprend par l'intermédiaire de Marin Mersenne avec Roberval, Fermat, Torricelli, Gassendi et Pascal le Jeune, en relève de son père. À Leyde il soutient ses partisans dans la dispute avec Regius. Toutes ces luttes l'épuisent. Ses amis parisiens le pressent de revenir, de se fixer en France. Ils lui obtiennent une seconde pension royale, bien plus considérable que la précédente.

En mai 1648 il est de nouveau à Paris. Cette fois toutes les précautions sont prises. Il ne loge plus chez l'abbé Picot, « le plus grand débauché de la capitale ». Il ne renie pas cette amitié, trop de bons moments, d'aventures amoureuses, de fêtes galantes et gastronomiques les lient à jamais. Mais maintenant, il s'agit d'être présenté à la cour ! Il quitte l'habit bourgeois et se vêt en cavalier, rapière au côté. Le masque du chevalier du Perron fait une dernière apparition sur le théâtre du monde.

En attendant sa pension la querelle avec le président Pascal et Roberval reprend. Il met fin au débat mais son estime pour Blaise Pascal grandit. Il lui suggère de faire des expériences sur la pesanteur de l'air en plaine puis en montagne. Mais sous l'influence de son père Pascal se comporte de façon indigne en s'appropriant la preuve expérimentale de la pression atmosphérique qu'il fait mesurer au pied puis au sommet du Puy de Dôme avec un tube de Torricelli, inventeur du baromètre à mercure. Descartes n'en dira rien.

Brusquement la guerre civile, la Fronde, s'allume. Aussitôt la compagnie du Saint-Sacrement s'acharne sur lui. Ses agents le dénoncent à la chancellerie.

Selon eux Descartes a fait plusieurs séjours à Londres. L'ambassade de France confirme qu'en Angleterre il a réalisé des expériences, notamment sur l'aimant, avec lord Cavendish, leader anglais de l'Invisible Collège, et qu'ils ont aidé des jeunes savants à obtenir des postes de professeur. « Le meilleur n'est-il pas que les pierres angulaires de l'Invisible Collège s'intéressent toujours à moi ? » écrit à ses amis Robert Boyle, tout juste sorti de l'université, futur cofondateur de la chimie expérimentale et l'un des douze créateurs de la *Royal Society*.

Cependant, au cours de son dernier séjour, Descartes, en liaison avec les services français, a participé avec des « cartésiens » anglais à des négociations secrètes afin de faire libérer Charles 1er, prisonnier du Parlement, reconnait l'ambassade.

Certes, on connait sa brillante carrière d'espion pour l'armée française, répliquent les agents du parti dévot, mais est-ce seulement dans l'intérêt du royaume ? Après l'échec des négociations il a favorisé l'évasion du roi parce qu'il est l'oncle par alliance de la princesse Élisabeth de Bohème, son amie intime, et à Paris la guerre civile a commencé après son arrivée parce qu'il a apporté aux frondeurs le soutien des Provinces-Unies !

Cette calomnie ne trompe pas la Chancellerie mais dans le public une rumeur de trahison suffit à justifier un assassinat.

Le 26 août 1648 les rues de Paris se hérissent de barricades. Des bandes armées battent le pavé d'où la police a disparu. La sécurité de Descartes n'est plus assurée, à tout moment on peut attenter à sa vie. Ses amis l'obligent à quitter la capitale dès le lendemain, en abandonnant Marin Mersenne mourant. Il ne peut même pas « lui offrir la consolation de sa présence », disent-ils.

Des agents du parti dévot l'attendent à Calais où relâchent ordinairement les vaisseaux néerlandais. Averti à temps par ses partisans il gagne Boulogne et embarque sur un navire anglais affrété par un armateur hollandais.

Le 6 septembre il débarque à Amsterdam. Il ne reviendra plus en France.

Dès son retour aux Pays-Bas il apprend deux événements qui le touchent de près. À l'université de Leyde un « cartésien » vient d'être nommé à une chaire de médecine vacante contre un partisan de Régius. À Paris Marin Mersenne est mort le premier jour de septembre.

L'annonce d'un petit héritage d'un oncle maternel, dont il gage le contrat comme les précédents, lui permet de se renflouer. Il était temps car il ne perçoit pas plus sa seconde pension que la première.

Réinstallé dans sa solitude et la gêne matérielle, il termine le *Traité l'Homme* et le *Traité de la Formation du Fœtus*.

Mais six mois après l'ambassadeur de France en Suède, Hector Pierre Chanut le prie de le rejoindre à Stockholm.

La Petite Ourse, fille de la Grande Ourse Gustave II Adolphe, le Roi Vainqueur (de la guerre de Trente ans), terreur de l'Europe, Christine, roi de Suède, l'Ogresse du Nord, l'invite dans « son royaume de neige et de glace ».

Chapitre 9

L'OGRESSE DU NORD

« Clorinde, reine des Scythes, est une Précieuse dont l'esprit fait voir que les femmes sont capables des choses les plus difficiles, et que la science est aussi naturelle à leur sexe qu'au nôtre. Elle sait huit ou neuf sortes de langues, et son mépris pour la couronne l'a fait connaître pour la plus hardie princesse du monde », écrit Saumaise dans son *Dictionnaire des Précieuses*.
Christine de Suède a vingt-trois ans. Couronnée roi de Suède après la mort de son père Gustave-Adolphe tué pendant les guerres d'Allemagne, elle règne depuis dix-sept ans et depuis sa majorité elle gouverne. Elle a imposé le traité de Westphalie qui a conclu la guerre de Trente Ans. Désormais son royaume pèse lourd dans le destin de l'Europe.
Quand l'ambassadeur de France à Stockholm Hector Pierre Chanut lui a présenté ses lettres de créance, elle le lui a dit d'emblée.

– Il y a vingt ans, on ne connaissait point les Suédois hors le Nord. Il fallait que nous fassions quelque chose de grand pour établir notre réputation.

À la suite de son père elle l'a établie pour plus d'un siècle.

Dans son premier rapport au secrétaire d'État Brienne, l'ambassadeur en fait une description qui souligne son ambiguïté.

« Le visage de cette jeune reine change si subitement selon les mouvements de son esprit que, souvent, d'un moment à l'autre elle est méconnaissable. Lorsqu'elle désapprouve extraordinairement quelque chose, son visage s'empreint d'un certain air troublé, qui, sans le défigurer, donne de la terreur à ceux qui la regardent. Le ton de sa voix est, pour l'ordinaire, assez doux pour que l'oreille puisse juger aisément que c'est la voix d'une fille, quoique ses paroles, en quelque langue qu'elle parle, aient une fermeté tout à fait mâle et extraordinaire. Mais il lui arrive quelquefois de changer de ton, et cela sans affectation ou cause apparente, soudain elle en prend un plus robuste et plus fort que celui de son sexe, puis revient peu à peu à sa mesure ordinaire.

« Son manger est simple et sans délices. Elle peut rester dix heures à cheval un jour de chasse. Aucun de sa Cour ne s'approche de son adresse à tirer un lièvre courant d'une seule balle.

« Elle n'est ordinairement au lit que cinq heures, excepté que l'été elle est obligée de dormir une heure l'après-dîner (le déjeuner).

« Elle a la taille un peu au-dessous de la médiocre (la moyenne), ce qui ne paraîtrait point si elle voulait se servir de la chaussure ordinaire des dames. Mais pour sa liberté, soit dans son palais, soit dans la campagne, à cheval et à pied, elle porte des souliers tout semblables à ceux des hommes.

« Pour le temps qu'elle donne à sa toilette, il n'entre pas en compte dans sa journée, en un quart d'heure elle est vêtue, et hormis les grandes solennités, le peigne et un bout de ruban sont sa seule coiffure. On ne lui voit jamais ni de coiffe ni de masque (maquillage). Elle se couvre d'un chapeau à plumet et d'une hongreline (courte cape de cavalier) avec un petit collet, comme les hommes, si bien qu'il ne reste presque plus d'apparence de son sexe. Ce mépris du soin de sa personne est un peu excessif. »

C'est que la reine Christine, roi de Suède, est par nature bisexuelle, elle fait l'amour avec les unes comme avec les autres, et souvent ensemble.

En outre sa santé exceptionnelle et ses crises de colère froide, redoutées de tous, l'ont fait surnommer l'Ogresse du Nord.

Son intelligence « passe le commun ». Toute jeune fille elle en imposait déjà à son Conseil et les plus vieux sénateurs conseillers et amis de son père, subjugués, se rangent toujours à ses raisons tant elle « entend les affaires d'État ». Elle exerce le pouvoir avec une passion qui n'exclut pas la rigueur et ne met rien au-dessus de la vertu, le courage, l'opiniâtreté, la lucidité et autres qualités attribuées aux Anciens.

« Enfin, ajoute Chanut, elle aime la conversation des savants et prise par-dessus tout une belle dispute, qu'elle anime, dirige et conclut, après avoir mis sa couronne sous ses pieds. Mais elle n'oublie pas longtemps qu'elle est roi. La récréation terminée, elle reprend incontinent la couronne, dont elle reconnaît le poids, et met le principal exercice de sa vertu à bien faire son devoir. »

Lors d'une de ces réunions savantes le sujet porte sur l'amour. L'ambassadeur de France, qui y assiste, prie par courrier monsieur Descartes de bien vouloir lui donner son sentiment à ce sujet. Il satisfait si brillamment à sa demande que le diplomate montre sa lettre à son ami de Ruyer, médecin de la reine, qui en parle à Christine. Elle prend connaissance de son exposé, en est éblouie et fait transmettre par l'ambassadeur un compliment à son auteur. À sa demande Hector Pierre Chanut se lance dans l'histoire de l'esprit de monsieur Descartes et de la philosophie cartésienne, et évoque le souverain bien.

Elle fait débattre de ce sujet par sa cour de d'érudits, mais leurs discours ne la satisfont pas.

Par l'ambassadeur elle demande à monsieur Descartes de bien vouloir l'éclairer. Il lui répond rapidement.

« Madame,

J'ai appris de Monsieur Chanut qu'il plaît à Votre Majesté que j'ai l'honneur de lui exposer l'opinion que j'ai touchant le souverain bien, considéré au sens que les philosophes anciens en ont parlé, et je tiens ce commandement pour une si grande faveur, que le désir que j'ai d'y obéir me détourne de toute autre pensée, et fait que, sans excuser mon insuffisance, je mettrai ici, en peu de mots, tout ce que je pourrai savoir sur cette matière. » Il continue comme cela pendant deux pages sans traiter le sujet, car il est très inquiet que son ami parle de ce qui touche à sa philosophie à une reine dont la cour est infestée de théologiens fanatiques, de prédicateurs de sectes puritaines attachées à la lettre de la Bible, de pédants venus d'Angleterre et des Pays-Bas pour faire carrière dans un royaume devenu la première puissance militaire d'Europe et d'intégristes qui pratiquent l'intolérance comme une vertu.

Le jour même, il écrit longuement à sa chère princesse Élisabeth, qu'il nomme aussi Madame sans autre titre, privilège réservée aux reines, pour l'informer de tout cela.

Christine ne tarde pas à apprendre qu'il lui a mis brièvement son opinion et a omis beaucoup de choses alors qu'il écrit de longues lettres à la princesse de Bohème et lui a envoyé une copie de son manuscrit du *Traité des Passions*, qu'il lui a dédié. Elle est furieuse. La princesse philosophe, c'est elle. Descartes doit s'expliquer davantage !

Pour ne pas nuire à son ami l'ambassadeur et aux intérêts de la France il traite le sujet par lettre et à sa grande surprise constate que la reine suit bien. Chanut lui rapporte une difficulté qu'elle a évoquée d'elle-même. « Supposer le Monde infini, n'est-ce pas aller à l'encontre de la doctrine des Églises ? Car alors comment concevoir l'Alliance de Dieu avec l'homme ? Il est très improbable qu'il conserve un rang si honorable s'il habite dans un petit coin de l'Univers sans fin ».

Descartes, en route pour Paris, répond d'une auberge où le courrier diplomatique l'a rejoint car il redoute d'être engagé dans des disputes théologiques. Il considère le Monde non pas infini, mais indéfini, car pour cela il suffit de savoir qu'on ne peut lui trouver de bornes.

Cela rend inutiles les disputes stériles entre les tenants de l'une et l'autre thèse pour le plus grand plaisir de la reine de Suède qui a la satisfaction de faire taire ses philosophes avec ce raisonnement imparable.

La voilà furieusement entichée du plus grand des mathématiciens et émoustillée par ce qu'elle apprend de sa réputation.

— Pour la gaillardise, monsieur Descartes est comparable à feu le marquis d'Haroué François de Bassompierre, grand abatteur de bois, et il fut des premiers escrimeurs de son temps, lui dit-on.

Ces qualités, où elle se retrouve, enthousiasment la reine des Scythes. Elle veut le connaître. Par Chanut elle le mande à sa cour. Il hésite, elle lui promet de l'anoblir, lui offre un office, un domaine, puis une province. Il hésite encore, elle s'impatiente et lui envoie le plus beau vaisseau de sa flotte commandé par son amiral. Il le fait attendre deux mois. Le navire regagne Stockholm.

Le 31 mars 1649, pour ses cinquante-trois ans, il écrit à l'ambassadeur de France.

« L'expérience m'a enseigné que, même entre les personnes de très bon esprit, et qui ont un grand désir de savoir, il n'y en a que fort peu qui se puissent donner le loisir d'entrer en mes pensées, en sorte que je n'ai pas sujet de l'espérer d'une Reine, qui a une infinité d'autres occupations.

« L'expérience m'a aussi enseigné que, bien que mes opinions surprennent d'abord, à cause qu'elles sont fort différentes des vulgaires, toutefois après qu'on les a comprises, on les trouve si simples, et si conformes au sens commun, qu'on cesse entièrement de les admirer et par même moyen d'en faire cas, à cause que le naturel des hommes est tel, qu'ils n'estiment que les choses qui leur laissent de l'admiration et qu'ils ne possèdent pas tout à fait.

« Je vois que ceux qui se vantent d'avoir des secrets, par exemple en la chimie ou en l'astrologie judiciaire, ne manquent jamais, tant ignorants et impertinents qu'ils puissent être, de trouver des curieux qui achètent bien cher leurs impostures. Au reste, il semble que la fortune est jalouse de ce que je n'ai jamais rien voulu attendre d'elle, et que j'ai tâché de conduire ma vie en telle sorte, qu'elle n'eût sur moi aucun pouvoir, car elle ne manque jamais de me désobliger, sitôt qu'elle en peut avoir quelques occasions. »

Mais il sait qu'il doit partir dans l'intérêt des relations entre la France et la Suède, devenue la première puissance militaire en Europe, et pour convaincre Christine de faire valoir les droits sur le Palatinat de la Maison de Bohème si cruellement éprouvée par la mort de l'oncle par alliance de la princesse Élisabeth, le roi Charles 1er, décapité le 30 janvier 1649 sur ordre du Parlement anglais.

Il l'écrit en termes convenus puisque sa lettre sera lue par la censure royale à sa chère princesse, inquiète de le savoir entre les griffes de l'Ogresse du Nord.

« Je supplie très humblement Votre Altesse de me faire tant de faveur, que de m'instruire de tout ce en quoi elle jugera que je lui puis rendre service, à elle ou aux siens, et de s'assurer qu'elle a sur moi autant de pouvoir que si j'avais été toute ma vie son domestique. »

Venant de cet indomptable rebelle, il n'est pas de plus grande déclaration d'amour !

Le même jour il écrit à l'ambassadeur qu'il passera l'hiver à Stockholm, donc qu'il partira au milieu de l'été, « de quoi je tirerai un avantage, que j'avoue être considérable à un homme qui n'est plus jeune, et qu'une retraite de vingt ans a entièrement désaccoutumé de la fatigue. »

Mais il pressent que ce voyage lui sera fatal. « Je suis de ceux qui ont le plus aimé la vie », dit-il. Il parle déjà de lui au passé.

Il met ses affaires en ordre, prépare la version définitive du *Traité des Passions*, donne ses instructions pour son impression à Paris et règle les questions financières dans une lettre testamentaire à son ami Claude Picot.

« Étant sur le point de partir pour aller à Stockholm et considérant que je puis mourir dans le voyage, j'écris cette lettre pour vous avertir qu'après avoir emprunté à diverses fois de l'argent de Monsieur Antoine Studler van Zurich, seigneur de Berghe (Bergen), j'ai arrêté mes comptes avec lui, et que je trouve lui devoir justement neuf mille livres, monnaie de ce pays, qui reviennent à plus de dix mille cinq cents de la monnaie de France, mais que néanmoins, pour me faire plaisir, il s'est contenté de recevoir en paiement tant le principal que les intérêts de deux contrats que je vous ai transportés. »

Antoine Studler a déguisé ses dons d'argent en prêts. Mais Descartes entend rembourser ses dettes. Ce testament adressé à un abbé sera rendu public, il doit être rédigé en termes convenus.

« S'il ne peut être payé par cette voie, et que Dieu m'ait ôté du monde, il pourra s'adresser à mes frères et les avertir de la contre-lettre, afin qu'ils aient soin de faire qu'il reçoive sans frais l'argent qui lui est dû légitimement. Je prie Dieu qu'il vous conserve longtemps en santé, et je vous assure que j'ai et aurai, aussi longtemps que mon âme retiendra quelque mémoire des choses de ce monde, une très sincère et très parfaite affection pour vous. »

Puis il écrit à Cornelius Van Hooghelande. Il lui confie la malle où sont rangés ses papiers personnels, les textes relatifs à ses travaux en cours et son testament philosophique réservé à l'Invisible Collège et à l'Ordre.

Claude Picot lui prête son serviteur Henry Schluter, qui parle Allemand, Français, Latin, et possède assez de savoirs pour assister un savant. Il se fait une joie de servir Descartes, qu'il vénère et qui le traite en compagnon et non en valet.

Le premier septembre 1649, anniversaire de la mort de Marin Mersenne, ils embarquent sur un vaisseau suédois.

Début octobre le vaisseau s'amarre aux quais de Stockholm. Sitôt la passerelle mise en place le pilote, capitaine du navire, se rend au palais royal pour, comme de coutume, faire son rapport au secrétaire d'État. On lui annonce que la reine lui fait l'honneur de le recevoir.

Christine est de bonne humeur et curieuse de connaître son opinion sur l'homme qu'il a amené sur son vaisseau. Le pilote se récrie.

— Madame, ce n'est pas un homme que j'ai conduit à Votre Majesté, mais un demi-dieu ! En trois semaines de traversée il m'a plus appris sur la science de la marine et des vents et sur l'art de la navigation que je ne l'avais fait depuis bientôt soixante ans que je vais sur mer. Je me crois maintenant capable d'entreprendre les voyages les plus longs et les plus difficiles sur des océans inconnus.

À l'ambassade de France, le demi-dieu embrasse son ami Hector Pierre Chanut, heureux de le recevoir, qui l'installe lui-même dans l'appartement qu'il lui a fait préparer à côté du sien.

Le lendemain Descartes fait son entrée à la Cour de la reine de Suède. D'après les discours flatteurs sur son œuvre, les récits de ses exploits, les rumeurs qui courent sur lui, elle s'attendait à recevoir Apollon descendu sur terre pour éclairer les hommes. Elle voit entrer un bourgeois vêtu de noir et chaussé de souliers vernis à boucle d'argent surmontés de bas noirs.

Il ne regarde que « la belle Sparre », épouse d'Éric Sparre, baron de Cronenberg, le premier gentilhomme de la Chambre.

— Apparemment il sort des yeux de cette fille des « particules striées » qui lui font tourner la tête de son côté, lance Christine à ses courtisans.

C'est par ces « particules », image des atomes, que Descartes explique les propriétés de l'aimant et de l'aiguille des boussoles pointée vers le nord.

Quand la reine lui annonce qu'elle apprend le Grec monsieur Descartes la rembarre.

— Madame, je m'étonne que votre Majesté s'amuse à ces bagatelles. J'en ai appris tout mon saoul étant petit garçon, au collège, mais je suis bien aise d'avoir tout oublié en l'âge de raisonner !

Monsieur Descartes fait la mauvaise tête, il ne pense qu'à sa chère princesse Élisabeth et lui écrit peu après son arrivée. « Mon devoir est de renouveler à Votre Altesse les offres de mon très humble service afin qu'elle puisse connaître que le changement d'air et de pays ne peut rien changer ni diminuer de ma dévotion et de mon zèle.

« Je n'ai encore eu l'honneur de voir la reine que deux fois, mais il me semble la connaître déjà assez pour oser dire qu'elle n'a pas moins de mérite et a plus de vertu que la renommée lui en attribue. Une des premières choses qu'elle m'a demandées a été si je savais de vos nouvelles, et je n'ai pas feint de lui dire d'abord ce que je pensais de Votre Altesse, car remarquant la force de son esprit, je n'ai pas craint que cela lui donnât aucune jalousie, comme je m'assure aussi que V. A. (Votre Altesse) n'en saurait avoir, de ce que je lui écris librement mes sentiments de cette Reine. »

Si, elle est jalouse, et il le sait bien ! Mais il a un moyen d'abréger son séjour.

« La vertu que je remarque en cette Princesse m'obligera toujours de préférer l'utilité de son service au désir de lui plaire, en sorte que cela ne m'empêchera pas de lui dire franchement mes sentiments, et s'ils manquent de lui être agréables, ce que je ne pense pas, j'en tirerai au moins cet avantage que j'aurai satisfait à mon devoir, et que cela me donnera occasion de pouvoir d'autant plus tôt retourner en ma solitude, hors laquelle il est difficile que je puisse rien avancer en la recherche de la vérité. »

Descartes est amoureux, donc maladroit. Ce n'est pas ainsi qu'il lassera la patience de Christine, au contraire, pour la première fois de sa vie quelqu'un lui tient tête, voilà qui la « désennuie fort de l'ordinaire » !

Mais il n'est pas seulement « désaccoutumé des fatigues du voyage », il l'est aussi des mœurs du beau monde et des intrigues.

En butte à la jalousie des courtisans suédois inquiets d'être concurrencés par un étranger, aux médisances des pédants calvinistes éclipsés par ce génie, à la cabale des conseillers royaux luthériens effrayés de l'ascendant qu'il peut prendre sur l'esprit de Christine, il se terre à l'ambassade et s'y ennuie. L'ambassadeur est occupé de diplomatie, l'ambassadrice est charmante mais dévote, pour lui faire plaisir il assiste dans l'ambassade à la messe célébrée par le père François Viogué, de l'Ordre des ermites augustiniens.

L'arrivée de Nicolas de Flesselles, comte de Brégy, noble de robe fils d'un président de la Cour des Comptes, va le désennuyer. Cet aventurier a épousé une fort jolie personne, mademoiselle de Chazan, femme de chambre de la reine de France. On a chansonné l'affaire sur le Pont-Neuf.

Brégy s'est fait de la Cour
En épousant Chazan la belle,
Mais il sera quelque jour
Aussi cocu que Courcelle.

Ce Courcelle aux cornes proverbiales est trompé malgré lui, tandis que Brégy se sert de sa femme, après l'avoir dépravée, pour « se pousser dans le monde ». Elle en a récolté une galanterie et pour la soigner on lui a coupé « une lèvre du bas ». Depuis on l'appelle *le Petit Castillan* parce que les chevaux de ce pays ont le bout d'une oreille coupé.

« Par le crédit de sa femme » Brégy a été envoyé en Pologne et bientôt nommé ambassadeur, puis, en raison de ses qualités extra diplomatiques, chargé de « mission extraordinaire » auprès de la reine Christine de Suède. Il devient son amant, vante son épouse, en promet des merveilles. Elle fait faire un compliment à madame de Brégy et à son ordinaire lui promet une province entière si elle vient à sa Cour.

Le chargé de mission extraordinaire transmet l'offre de l'Ogresse du Nord au secrétaire d'État Brienne. Le Petit Castillan et le chef de la diplomatie se haïssent, elle le surnomme « le cocu » et lui « la putain ». Mais l'intérêt du royaume passe avant les sentiments personnels. Brienne donne ses instructions.

« Après avoir considéré de quelle importance est à l'État l'alliance des Suédois, je souhaiterais qu'on pensât à satisfaire leur reine. Après l'offre d'une province entière pour l'attirer dans son pays il n'y a point d'apparence qu'elle souffre qu'on lui refuse cette dame. Mon avis serait donc de lui accorder madame de Brégy, attendu que toutes les inondations de Goths sont venues de ce pays-là, et que si, pour se venger, la reine de Suède en faisait encore une, ils seraient bien plus à craindre maintenant qu'en un autre temps, à cause des frondeurs qui se joindraient à eux infailliblement. »

C'est donc dans l'intérêt du royaume que monsieur et madame de Brégy deviennent l'amant et la maîtresse de la reine de Suède.

Le soir, pour énamourer Christine, lassée de toutes les luxures, le Petit Castillan lui raconte ses ébats collectifs avec les Polonais. La reine prend un intérêt prodigieux à ces Mille et Une Nuits de luxure, elle est friande de détails.

— Mais, ma chère, entendiez-vous ce qu'ils disaient quand ils vous cajolaient ?

— Madame, en ces matières-là on entendrait des topinambours !

Et de citer les mots délicieusement orduriers de la passion. Les sens en feu, Christine l'entraîne dans sa chambre pour reconstituer les scènes que son amante a si bien décrites. En remerciement de ses services le couple ne reçoit pas une province mais tout de même quatre cent mille livres et une ceinture de diamants.

Lorsqu'il revient à l'ambassade de France, Brégy voit Descartes, solitaire et malheureux, errer dans les jardins. Il s'ennuie, pense à sa princesse et force sur la boisson. Il raffole du vin d'Espagne, le malaga, et de l'aquavit, l'eau-de-vie suédoise. L'aventurier diplomate le persuade de faire sa Cour à Christine. Elle se lassera de sa passion pour la philosophie comme elle le fait de toute chose, sauf la chasse à courre. Prise d'une nouvelle lubie elle promettra une province entière à celui ou celle qui la séduira. Descartes pourra repartir, bardé d'écus, à l'abri du besoin pour le restant de ses jours. Il accepte pour abréger son séjour.

Les Brégy, auxquels Christine ne refuse rien, le font rentrer dans ses bonnes grâces.

Aux disputes publiques avec son cercle de philosophes elle ajoute des entretiens privés dans sa bibliothèque avec monsieur Descartes, qu'elle appelle « l'illustre Maître ». Les courtisans répandent le bruit que pour lui rendre la politesse il en a fait son illustre maîtresse.

Christine ordonne de célébrer par des fêtes éblouissantes à la mode de la cour de France le premier anniversaire du traité de Westphalie qui a mis fin à trente ans de guerres en Allemagne et marque l'accession de la Suède au rang de grande puissance en Europe. Monsieur Descartes, qui aime tant la poésie et se pique de versifier, est prié d'apporter sa contribution en Français, la langue de l'aristocratie parlée dans toutes les Cours européennes.

Il se met au travail et fin de novembre lit devant la reine et les courtisans une Pastorale, « fable bocagère et galante en vers poussée jusqu'au quatrième acte », précisera le mathématicien et philosophe Gottfried Wilhelm Leibniz, chargé de faire l'inventaire de la malle contenant ses recherches et travaux inachevés, notamment les calculs infinitésimal et binaire, que lui confiera l'Invisible Collège en 1660 « afin qu'il les mène plus avant ».

« Les personnages sont Alixan et Parthénie, qui s'aiment, tous deux fils et fille de princes, et tous deux se croyant berger et bergère », précisera le jeune savant prodige.

Lors de sa lecture devant la reine de Suède et sa Cour elle fait un effet considérable. Deux vers restent en mémoire car les courtisans en font une « scie » répétée en toute occasion.

– En ce cas vous aurez Dorinde pour épouse.

– C'est un fort beau parti, monsieur, entre autres choses.

Au vu de l'accueil réservé à sa fable poétique l'illustre Maître n'insiste pas. Le 19 décembre 1649 on donne en présence de la Reine, de la Cour et des diplomates étrangers *La Naissance de la Paix*, ballet sur un livret en vers de monsieur Descartes.

Dans l'un de ses accès soudains de pure cruauté mentale Christine avait obligé le prédécesseur de l'ambassadeur de France, vieux et perclus de goutte, à danser lors de l'ouverture d'un grand bal. Mais malgré ses demandes répétées, l'auteur refuse obstinément de figurer dans le ballet.

La reine de Suède incarne Pallas, la déesse de la Raison, présente dès le prologue.

« Qu'on observe ici le silence

Et qu'on révère la présence

De la divinité qui préside en ces lieux.

Elle nous veut tirer des périls de la guerre,

Et malgré plusieurs autres dieux

Elle veut que la paix revienne sur la terre.

Célébrons donc cette naissance,

Et remarquons en cette danse

Où la guerre et la paix étalent leur pouvoir,

Que Pallas a raison de penser que la guerre
La meilleure qu'on puisse avoir
Ôte beaucoup des beautés de la terre,
Et que de nous donner la paix
C'est le plus grand de ses bienfaits. »

Entrent alors successivement le dieu Mars, la Justice, la Renommée, puis la Panique.

« Moi qui suis fille de la nuit,
Qui suis froide, pâle et tremblante,
Quand je veux donner l'épouvante
A un million de guerriers,
Et fouler aux pieds leurs lauriers
Il ne me faut qu'une chimère,
Un songe, ou une ombre légère,
Que j'envoye dans leurs cerveaux.
Et ils tremblent comme des veaux,
Ils fuient, ils deviennent blêmes. »

Monsieur Descartes ne se remet pas de « faire profession de poltronnerie » ! Cependant en prenant de l'âge il est devenu pacifiste. Après d'autres entrées voici les Estropiés, mutilés de guerre.

« Qui voit comme nous sommes faits
Et pense que la guerre est belle
Ou qu'elle vaut mieux que la Paix
Est estropié de cervelle. »

Le ballet se termine à la gloire de Pallas, la Reine des Scythes en personne.

« Adorable Pallas dont le divin pouvoir
Préside également à tous les exercices

Et de guerre et de paix, qui répugne aux vices
Qui pourrait, vous suivant, manquer à son devoir ?
Par Pallas on entend la sagesse éternelle
C'est Pallas qui règne en ce lieu
La justice et la Paix y règnent avec elle.
Et pourtant nous n'avons qu'une Reine, et un Dieu. »

Après ce triomphe il passe les fêtes de Noël et du nouvel an au château royal et à l'ambassade.

Le 1er février 1650 il remet à Christine le mémoire qu'elle lui a commandé « sur le projet d'une conférence ou assemblée de savants qu'elle veut établir en forme d'académie » réservée aux Suédois (qui depuis 1901 décerne des prix Nobel). Il en établit le règlement.

Malgré les efforts d'Hector Pierre Chanut pour lui rendre son séjour agréable il supporte très mal son exil, l'hiver suédois, les courtes apparitions du soleil, le froid implacable. Brégy a quitté la Suède pour une mission diplomatique aux Pays-Bas. L'ambassadeur, malade, est alité. Christine surmène l'illustre Maître. Elle le retient souvent jusqu'à minuit à la Cour, puis lui donne rendez-vous dans sa bibliothèque à cinq heures du matin. Habituellement il dort longtemps puis en état de demi-sommeil, « rêve éveillé » dans son lit où surviennent les intuitions intellectuelles qu'il passe au crible de la méthode. Il s'épuise et doit marcher par des températures polaires pour aller et revenir du palais à l'ambassade.

Quelques jours après la remise du projet d'académie il se rend dans la nuit glaciale à ce rendez-vous matinal. Christine lui fait servir des tranches de renne fumées et autres douceurs, et de l'aquavit.

On frappe. C'est l'heure du Conseil. Il sort en titubant dans les couloirs glacés du palais. La fatigue, le manque de sommeil et les excès de toutes sortes l'ont affaibli. Secoué de frissons, il regagne péniblement l'ambassade. Il demande un verre d'eau-de-vie brûlée » à son serviteur. La chaleur de l'alcool le soulage. Le lendemain, il s'alite avec une forte fièvre et une « inflammation des poumons ».

L'ambassadeur de France, à peine remis de maladie, peut enfin se lever. Le malade lui demande de faire venir monsieur de Ryer, premier médecin de la reine. Cet ancien moine jacobin « après s'être défait de son froc », dit-il, s'est fait docteur en médecine à la faculté de Montpellier, puis est allé en Suède pour fuir les persécutions. Il jouit d'une réputation considérable. Christine le consulte, il la soigne, elle le couvre d'honneur et d'argent. Il a « contracté des habitudes d'étroites amitiés » avec Chanut, alors résident (consul) à Stockholm, a lu les œuvres de Descartes, s'est déclaré « cartésien » et il est devenu son ami intime.

Mais il s'est absenté. Il est en l'archevêché de Brême, passé aux Suédois depuis la paix de Westphalie, pour reconnaître et faire valoir ses droits sur un revenu des religieuses de Neumunster que lui a donné la reine, dit-on à l'ambassadeur.

Reste le docteur Weulles, néerlandais, dévot calviniste allié des pédants de la Cour et des théologiens d'Utrecht et de Leyde ennemis de Descartes. Le malade déclare « qu'il refuse d'être visité par les charlatans ».

Le troisième jour la fièvre augmente, il délire. Christine demande de ses nouvelles matin et soir, s'impatiente, s'étonne de l'absence de médecin à son chevet. L'ambassadeur fait appeler Weulles. Au mot de saignée, prononcé tout bas, Descartes se dresse sur son lit de souffrance.

– Messieurs, épargnez le sang français !

Le médecin, vexé, se retire mais revient le lendemain pour complaire à la reine. Le malade, brûlant de fièvre et ruisselant de sueur, le toise.

– Allez, monsieur. Si je dois mourir, je mourrai avec plus de contentement si je ne vous vois point.

Le huitième jour une rémission survient. Le délire le quitte. Il fait demander l'aumônier de l'ambassade, François Viogué. Ce prêtre savoyard de l'Ordre des ermites de saint-Augustin nommé à sa demande missionnaire apostolique en Scandinavie manifeste, dit-on, un « zèle très éclairé » en parfait accord avec la « prudence chrétienne et politique » de l'ambassadeur. Il a renoncé à l'habit ecclésiastique et se vêt en cavalier, sans l'épée, ce qui lui vaut d'acerbes critiques des dévots.

Descartes, redevenu pleinement conscient, se sait perdu. Il prie ce brillant intellectuel, docteur en théologie de la faculté de Paris, de prononcer en son nom ses dernières paroles au moment où il quittera le monde, en excluant tout autre discours, prières ou sacrements. François Vogué, « par admiration et respect pour les lumières de ce grand esprit, se soumet en tout à ses volontés ». Le mourant lui révèle la teneur de son ultime propos.

Hector Pierre Chanut, à peine convalescent, se traîne chaque jour dans sa chambre. Une fois de plus, il le supplie de se laisser soigner.

Pour lui ôter ce souci Descartes accepte de se faire saigner par un barbier-chirurgien. « En fait de sang il ne lui tire que de l'huile » notent les secrétaires d'ambassade et de Chanut, messieurs Picques et Belin. Le barbier-chirurgien refait une saignée, abondante comme la première, quelques heures après, mais déplore que le remède soit trop tardif, car la fièvre ne s'en trouve pas diminuée.

À la demande de Descartes la communauté française s'assemble à son chevet pour un adieu. Aux enfants du diplomate et à tout le personnel il renouvelle ses sentiments de reconnaissance pour leur amitié et leur bonté envers lui. À madame l'ambassadrice il témoigne de « sa confusion pour ses bons offices et ses témoignages d'affection ». Depuis sa maladie, dit-il, « elle a vaqué à tout, l'a assuré de sa présence, l'a servi elle-même avec assiduité, l'a soigné nuit et jour avec la même tendresse, la même vigilance, le même dévouement dont elle a usé envers son mari ».

Six heures après la seconde saignée il a un sanglot, un spasme de tout l'organisme. Il respire difficilement et crache « un sang noirâtre et corrompu ». Le soir il demande à son serviteur de faire infuser du tabac dans du vin pour lui procurer un vomitif. L'assistance prend le parti de couper le vin de beaucoup d'eau puis de jeter un morceau de tabac dans le verre pour le parfumer et de le retirer aussitôt. Ce remède le soulage.

La nuit suivante, plus calme, il dicte des lettres pour ses frères. Il répartit ses quelques biens, ses droits sur l'héritage paternel en indivision, leur demande de prélever sur ces revenus une pension annuelle au profit de sa nourrice sans ressources comme il l'a fait lui-même jusqu'à ce jour. Il n'attend rien de son frère Pierre mais espère que son demi-frère Joachim prendra soin de la vieille femme. Apaisé, il s'entretient avec son ami l'ambassadeur.

Vers minuit, le malade, qui ne ressent aucune douleur, s'affaiblit brusquement. Sa vue s'éteint à demi, ses yeux s'agrandissent, son regard paraît égaré. Le lendemain matin, las des bouillons dont on le nourrit depuis le début de sa maladie, il demande à Henry Schluter de lui préparer des panais, il raffole de ces carottes blanches, fermes et peu sucrées. Après ce repas il demeure si tranquille que tous se rassurent.

Pour ménager Hector Pierre Chanut, encore fragile, et sa femme épuisée par ses nuits de veille, il feint de se sentir mieux et affirme qu'il peut encore durer longtemps.

Vers les neuf heures du soir ses amis se retirent pour souper.

Descartes se sait perdu. Son serviteur l'aide à se lever, le soutient jusqu'au fauteuil, près de la cheminée. Il fixe longuement le feu, la chaleur, la lueur des flammes. Affaibli par les deux grandes saignées, il tombe en syncope. Quand il revient à lui, il lève les yeux sur son valet, son ami, son compagnon penché sur lui, lui sourit et murmure.

– Ah, mon cher Schluter, c'est pour ce coup qu'il faut partir.

Le valet le remet au lit, court chercher l'ambassadeur, déjà couché, le père Viogué, la famille, les amis. Le malade ne peut plus parler. François Viogué lui demande de faire un signe s'il veut qu'il procède à l'ultime cérémonie. Le moribond lève les yeux.

Conformément aux vœux du mourant l'aumônier prononce sa déclaration dernière.

– René Descartes se retire de la vie et des hommes satisfait, plein de confiance envers Dieu, passionné d'aller voir à découvert et posséder une vérité qu'il a recherchée toute sa vie.

L'assemblée unie par la même ferveur répète après le père Viogué un texte dédié aux agonisants par « la religion universelle, qui rassemble depuis toujours les hommes libres et vertueux », lui a dit Descartes.

Le onze du mois de février 1650, à 4 heures du matin, René Descartes, âgé de cinquante-trois ans, dix mois et onze jours, cesse d'exister.

Sauf dans la mémoire des hommes.

Chapitre 10

JE VOUS PRIE DE M'AIMER

Quand Descartes meurt, « monsieur l'Ambassadeur, préparé à cette séparation par les paroles de son illustre ami, fait appel à tout son courage et aux ressources de la philosophie cartésienne pour soutenir ce coup », écrit le secrétaire d'ambassade au secrétaire d'État Brienne.

– L'événement a probablement contribué à raccourcir ses jours, tant sa disparition l'a affecté, dira-t-il après la mort de Hector Pierre Chanut en 1662.

L'ambassadeur dépêche son secrétaire Belin au lever de la reine pour l'avertir que « monsieur Descartes est passé ». Sarcastique, à son ordinaire, Christine ne manque pas, même en cette tragique circonstance, de lancer une pique.

– L'illustre Maître s'était promis de vivre cent ans grâce à la science. Il n'a pas tenu ses engagements !

Elle envoie immédiatement le premier gentilhomme de sa Maison auprès de l'Ambassadeur pour l'assurer du « sensible déplaisir que lui cause ce funeste accident » et devant ses courtisans accourus elle signifie sa décision à monsieur Belin.

— J'entends laisser à la postérité un monument de ma considération pour les mérites du défunt en lui donnant une sépulture au pied des rois mes prédécesseurs parmi les seigneurs de la Cour et des grands officiers de la Couronne au Riddare Holmens Koerkan, l'église de l'île des Chevaliers. Je ferai bâtir un magnifique mausolée en marbre dans le vénérable Gràmucka Kloster, le cloître des Moines Gris, lieu de sépulture des rois de Suède, de la famille royale et des Maisons du royaume.

Belin est atterré. Descartes, enterré au pied des rois parmi les seigneurs et les grands officiers ? Il rassemble son courage et prend la liberté inouïe de la contredire.

— Madame, si Votre Majesté ne m'avait pas fait l'honneur de me déclarer si expressément sa volonté, l'intention de monsieur l'Ambassadeur aurait été de lui demander la permission d'enterrer le corps du défunt dans le Barnhuusz, le cimetière de l'hôpital des Orphelins, faubourg Nord-Malme, non dans les parties réservées aux étrangers, aux catholiques, aux calvinistes ou aux juifs, mais parmi les enfants morts avant d'avoir atteint l'âge de raison.

Stoïque, il attend l'explosion. Elle ne se produit pas. La reine exprime sa surprise de ce choix.

– Pour quel motif l'ambassadeur veut faire reposer un mort de cette conséquence parmi des orphelins et des enfants ?

Belin, prudent, reste évasif.

– Monsieur l'Ambassadeur, persuadé que le corps d'un prédestiné est en sûreté partout où il plaît à Dieu de le garder pour la Résurrection, se conforme aux dernières volontés de l'illustre philosophe.

Et il s'empresse d'ajouter.

– Monsieur l'Ambassadeur a dessein de venir après midi au palais saluer Votre Majesté.

Christine « remet à délibérer de l'affaire avec lui ». Le secrétaire se retire, bien aise d'avoir détourné l'orage.

Monsieur l'Ambassadeur obtient qu'elle lui laisse décider du lieu de la sépulture parmi les enfants, car Descartes, soucieux de n'être annexé par aucune religion, l'a formellement demandé.

Christine ne s'en tient pas là. Elle ne laisse pas partir ses invités sans les couvrir de cadeaux !

– Je vais faire préparer une pompe funèbre royale dont la magnificence marquera la grandeur de la perte que j'ai faite par cette mort.

Mais Chanut tient ferme.

– Madame, je ne pense pas que cette pompe soit à la bienséance d'un philosophe qui a vécu dans la simplicité et dans l'indifférence des honneurs et des vaines apparences de ce monde. À l'égard de la dépense, monsieur Descartes a exprimé sa volonté de ne point souffrir qu'elle se fasse d'ailleurs que de sa bourse.

La reine doit consentir à tout. Mais puisque ces funérailles ne peuvent servir sa propre gloire ni étaler ses mérites de princesse philosophe aux yeux du monde, elle s'en désintéresse totalement.

Le surlendemain le convoi funèbre quitte l'ambassade. Chanut a exclu de la cérémonie les admirateurs de Descartes, n'y assistent que ses amis intimes. Le cercueil est porté par Picques, neveu de Le Vasseur d'Étioles, Belin, fils d'un ami, d'un côté, et de l'autre, par le fils aîné de l'ambassadeur et un jeune homme confié à Chanut pour débuter dans la carrière. Le père Viogué les précède et les proches suivent en portant des flambeaux.

Devant la tombe l'ambassadeur donne lecture des messages envoyés par ceux qui, prévenus de son décès, ne peuvent assister à l'inhumation, son serviteur Gillot dont il a fait un mathématicien, Villebressieux, l'ingénieur devenu célèbre grâce à lui, et quelques autres qui lui doivent tout.

– Gérard Gutscovven s'était proposé comme domestique auprès de monsieur Descartes en lui demandant pour seuls gages le vivre, le couvert et la possibilité de s'instruire à ses côtés. Monsieur

Descartes a bien rempli son engagement et l'a recommandé au père Ciermans, de l'université de Louvain, le premier à avoir salué sa *Géométrie*. Aujourd'hui il est titulaire d'une chaire universitaire de mathématiques et tient son emploi avec beaucoup de réputation.

L'orateur poursuit la lecture des hommages et témoignages qui révèlent, dit-il, la bonté de cette grande âme.

– Dirck Rembrantsz était cordonnier du village à Nierop, en Hollande du Nord. Bien que fort pauvre il ne pouvait s'empêcher de cultiver les mathématiques au préjudice du travail de ses mains qui lui fournissait le nécessaire à sa subsistance. Ayant entendu parler de monsieur Descartes, il se rendit chez lui après une longue et pénible enquête pour trouver son logis, mais l'hôtesse le rebuta. Il revint, mais son extérieur ne contribua point à lui faire meilleur accueil. Elle le décrivit à monsieur Descartes comme un mendiant qui voulait lui parler de philosophie et d'astrologie pour lui soutirer de l'argent. Monsieur Descartes lui en fit porter en le dispensant de la peine de lui parler. Rembrantsz refusa l'argent, dit que « son heure n'était pas encore venue mais qu'il espérait qu'un troisième voyage ne serait pas inutile ». Ces paroles frappèrent vivement monsieur Descartes. Quand le cordonnier revint, quelques mois après, il reçut enfin la satisfaction qu'il avait cherchée avec tant d'ardeur et de persévérance. Le plus grand des mathématiciens, ayant reconnu son habileté et son mérite, le paya de ses peines avec usure. Il le reçut au nombre de ses amis sans regarder la bassesse de sa condition et lui ouvrit son cœur et sa maison à toute heure. À son école Dirck Rembrantsz est devenu l'un des premiers astronomes et géomètres du siècle. Il prépare un traité d'astronomie.

Le corps de Descartes mis en terre parmi les enfants morts avant d'avoir atteint l'âge de raison, ses intimes se rassemblent une dernière fois autour de sa dépouille et s'unissent avec lui par la pensée, puis les flambeaux sont éteints. À l'issue de ce simple mais fervent salut, chacun portant sa peine le quitte à jamais.

Le jour suivant, à la demande de l'ambassadeur de France, la reine délègue le baron de Cronenberg, premier gentilhomme de la Chambre, pour assister à l'inventaire des effets et papiers du défunt. Ses objets personnels et sa garde-robe sont donnés à son serviteur et ami Henry Schluter, inconsolable de sa mort. On trouve aussi une bourse avec une centaine de pièces, toute sa fortune, empruntée sur son héritage dont son frère l'a spolié.

Le coffre qui contient ses écrits, sa correspondance et ses livres est dépouillé le lendemain. Sa famille, seule héritière du défunt, les a donnés à l'ambassadeur. Très affaibli par le chagrin, sa part de responsabilité dans la mort de Descartes qu'il a fait venir en Suède et sa maladie, Chanut lègue le coffre par lettre testament à son beau-frère Claude Clerselier, mathématicien janséniste qui a repris la querelle avec le parti dévot menés par Roberval.

Le choc de l'événement s'atténue, les rumeurs enflent. Les « cartésiens » refusent de croire à une mort naturelle. Ils interrogent les témoins de la maladie et du décès du grand homme, comparent le récit de Schluter et les déclarations des attachés d'ambassade, entendent les courtisans qui se prétendent « au fait des secrets d'État » et questionnent les laquais et servantes de la Cour. Il se dit tout bas que « les philosophes de la Cour, pour la plupart calvinistes, jaloux de l'influence de Descartes sur l'esprit de la reine, l'ont fait empoisonner ». Le bruit s'en répand d'autant mieux que dans ce pays luthérien la haine des parpaillots est égale à celle des damnés papistes. Mais il faut des preuves, monsieur Descartes avait tant d'ennemis !

Les enquêteurs ne les obtiendront pas. Si crime il y a, ce qui est probable, nul ne saura jamais qui l'a organisé et commis. Sur ordre de la Cour de Suède la police fait taire les rumeurs et met fin aux recherches sous peine de prison.

Le 4 mars 1650, sur réquisition de monsieur Van Surck, seigneur de Berghen, créancier de monsieur Descartes, un notaire public de la Cour provinciale de Hollande procède à l'ouverture de la malle laissée en dépôt chez Cornelius Van Hooghelande en présence de trois témoins très proches du disparu, Johannes de Raei, docteur en médecine et en philosophie, Frans Schooten, professeur de mathématiques à l'université, et Louis de La Voyette, gentilhomme français délégué par l'académie Le Vasseur.

Monsieur de Berghen ne laissera pas Pierre Descartes jouir impunément de l'argent escroqué à son frère. Il prend les reconnaissances de dette pour se faire payer par les débiteurs du défunt.

D'un commun accord les trois témoins décident de conserver le coffre des manuscrits, lettres et notes qui constituent son œuvre scientifique et mathématique inachevée afin qu'elle ne soit ni perdue ni falsifiée ni dénaturée en France. Il sera remis à celui qui sera capable de la « pousser autant qu'il est possible vers son achèvement ». Le mathématicien, physicien et philosophe Gottfried Wilhelm Leibniz le recevra lorsqu'à l'âge de vingt ans il sera admis en 1660 dans l'Invisible Collège.

L'ambassadeur se conforme strictement à la volonté de Descartes. Sur son refus obstiné Christine renonce au mausolée et fait peindre un portrait de l'illustre Maître d'après son masque mortuaire moulé dans l'ambassade. Elle le conservera toute sa vie auprès d'elle.

Chanut écrit à messieurs Pierre Descartes et Claude Picot pour leur demander des fonds sur l'héritage du défunt afin de faire bâtir son monument funéraire que Descartes a décidé de financer de sa bourse. Il n'obtient rien de son frère aîné. L'abbé Picot, qui ne peut rien prélever sur la succession sans l'autorisation des légataires, lui écrit que son frère refuse de donner son accord.

En mai Chanut dresse un tombeau provisoire sur la fosse. Avec l'argent laissé par Descartes il ne peut réaliser son projet, une « pierre cubique à pointe » gravée d'inscriptions à la mémoire du disparu. Sur une pierre tombale d'un seul bloc « en forme de carré long de sept pieds et demi de longueur sur quatre de largeur, haute de trois pieds », il fait ériger la maquette de cette « pyramide », on l'appellera toujours ainsi, faite de quatre murs en moellon de huit pieds et demi de hauteur lambrissés de bois recouvert de toile cirée peinte et coiffés d'une pierre en corniche de section triangulaire d'un pied et demi d'épaisseur. Les textes en latin à la gloire de Renatus Des Cartes, faute de pouvoir être gravés dans le marbre, sont peints sur la toile cirée.

En 1653, l'ambassadeur, de retour en France, fait transporter son bagage par mer jusqu'à Rouen. La barcasse chargée de le conduire à Paris par la Seine, sabordée par des agents de la compagnie du Saint-Sacrement qui a intercepté sa lettre de legs à Claude Clerselier, coule au port de l'École, au Quartier Latin. Les papiers et la correspondance de Descartes rangés dans une caisse restent trois jours au fond du fleuve avant d'être retrouvés par miracle et mis à sécher pêle-mêle. Des documents sont perdus, d'autres partiellement effacés et tous inextricablement mélangés.

En 1657, à la demande et sous la direction de son beau-frère Claude Clerselier publie le premier des trois tomes des *Lettres de Monsieur Descartes*

Cette correspondance qui traite de mathématiques, de physique et autres sciences, adressée notamment à Marin Mersenne, commentée et disputée dans les universités, « contribue à faire comprendre sa philosophie par un grand nombre ».

En 1659, Clerselier publie le deuxième tome des *Lettres de Monsieur Descartes*. En 1661 il publie une nouvelle traduction des *Méditations métaphysiques* en Latin. En 1664 il traduit et publie à Paris le traité de médecine de Descartes, *L'Homme et un Traité de la Formation du Fœtus du mesme auteur*.

La philosophie cartésienne enseignée librement dans les Provinces-Unies, en Angleterre, en Allemagne, au Danemark et dans les pays du Nord, sous couvert d'Aristote et des Anciens en France et dans les États catholiques, supplante la scolastique. « Les partisans et sectateurs de monsieur Descartes vouent un véritable culte à sa mémoire et d'innombrables cartésiens vont se recueillir sur son tombeau », écrit le secrétaire d'ambassade en Suède.

À Paris les « cartésiens » se rassemblent chez le Trésorier Général de France, Pierre d'Alibert, pour célébrer la mémoire de Monsieur Descartes.

Après un moment de silence en hommage à l'auteur de la réforme générale du monde, un cartésien de retour des Pays-Bas montre une grande médaille.

– Les cartésiens néerlandais ont fait frapper à leur usage une médaille commémorative. Son portrait d'après Frans Hals est gravé en avers. Au revers un Soleil dissipe les nuées et éclaire un globe terrestre, la devise SECULA LUMEN, « Lumière du Siècle », et des éloges en latin. En voici la traduction. « Tel était son visage, vrai fils de la Nature, le seul dont le génie a pénétré les secrets de sa Mère. Il n'est point de miracle dont il ne dit la cause, n'en laissant subsister qu'un seul au monde, Lui ».

Il revient à Pierre d'Alibert de faire l'éloge du plus grand des mathématiciens.

– Lors de son dernier voyage en France, en 1648, dit-il, je lui ai proposé de financer ses recherches sur mes biens propres. Cela ne pouvait en rien nuire à ma bourse, mais bien que démuni, accablé de soucis financiers et endetté, il a refusé et proposé d'utiliser ces fonds pour le bien du genre humain en créant des établissements destinés à perfectionner les arts, à savoir, faire bâtir dans le Collège royal et d'autres lieux consacrés à l'enseignement public diverses grandes salles pour les artisans, une par corps de métier, chacune avec un cabinet attenant rempli de tous les instruments mécaniques ou utiles aux arts et dotés de fonds suffisants non seulement pour fournir aux dépenses nécessaires aux expériences, mais encore pour entretenir des maîtres, en nombre égal aux arts à enseigner. Ces professeurs devaient être habiles en mathématiques et en physique afin de pouvoir répondre à toutes les questions des artisans, leur rendre raison de toutes choses et leur donner les moyens, en joignant la théorie à la pratique, de faire de nouvelles découvertes. Ils ne devaient faire leurs leçons publiques que les jours de fête et dimanches, afin de permettre à tous les gens de métier de s'y trouver. Il avait même proposé un expédient pour faire agréer ce projet par la Cour et l'archevêque en le faisant regarder comme un moyen très propre à les retirer de la débauche qui leur est si ordinaire les jours de fête.

Mais il s'est heurté à un refus politique.

– Aider les artisans à sortir de leur condition, c'est se heurter aux corporations, les priver du savoir-faire transmis sous le sceau du secret, clef de leur prospérité. C'est provoquer une révolte ! Nous avons déjà fort à faire avec les conséquences de la Fronde, m'a-t-on dit à la Chancellerie.

De retour d'un pèlerinage à Stockholm, un cartésien s'indigne.

– La dépouille de ce grand homme capable

de si généreux desseins, si pénétré de l'amour de l'humanité, si soucieux de procurer du bien à tous les hommes, est abandonnée de tous. Sa tombe menace ruine, les intempéries dégradent les lambris et effacent les inscriptions et depuis l'abdication de la reine Christine personne ne prend soin de ce précieux dépôt !

L'assemblée décide de rétablir le tombeau du défunt et de faire ériger le monument en marbre.

D'Alibert écrit à l'ambassadeur de France en Suède, le chevalier de Terlon, pour sonder son opinion sur Descartes et savoir s'il veut se charger de l'entreprise. L'ambassadeur se déclare « de ses amis », sans l'avoir connu, hélas, et se dit ravi d'avoir une occasion de « témoigner du zèle et de la vénération qu'il professe à l'égard d'une personne dont il estime infiniment la philosophie ». Il accepte donc la commission avec joie et ajoute que « outre les plaques d'un marbre superbe, il fera exécuter deux bustes, l'un de bronze, l'autre de pierre de taille, qu'il fera placer dos à dos sur la pyramide, à la manière dont on représentait Janus dans les temps anciens, après avoir fait raccommoder les murs du monument ».

Il informe de ce projet un « sectateur de Descartes », le comte Magnus Gabriel de La Gardie, gentilhomme français protestant et émigré, ancien amant de la reine Christine, mari d'une tante du roi régnant Charles XI et Grand Chancelier du royaume de Suède. « Ce savant et illustre Français m'a représenté qu'il serait encore plus glorieux pour la mémoire du grand homme et pour la nation française de transporter son corps en France, et de le placer dans une église de la capitale où toute l'Europe l'irait voir, au lieu que dans ce coin du Nord il sera toujours incognito », écrit le chevalier à d'Alibert.

Le Grand Trésorier de France lui répond aussitôt. « J'ai soumis ce projet aux principaux cartésiens, qui embrassent cet expédient comme une bonne fortune ardemment désirée sans oser l'espérer parce que trop difficile d'acquisition. »

Chanut étant « sorti de ce monde », d'Alibert se propose de conduire l'affaire. Ses amis s'apprêtent à lancer une souscription. Il proteste.

– Mon cœur ne saurait souffrir que personne d'autre que moi contribue aux frais de sa longue et difficile exécution.

En 1666, tandis que Clerselier publie le troisième tome des *Lettres de Monsieur Descartes*, le chevalier de Terlon, après avoir reçu le consentement écrit du roi de Suède, sollicité la permission du gouverneur de Stockholm, de la régence de la ville, du Grand Chancelier, réglé les droits aux pasteurs luthériens et payé les fossoyeurs, aux dépens de d'Alibert, se transporte le premier mai avec sa famille et son successeur à l'ambassade de France, monsieur de Pomponne, au cimetière du

Nord-Malme afin de procéder à la levée du corps de René Descartes. Cela n'a pas été obtenu sans mal ni protestations des cartésiens suédois, qui ont donné leur accord à condition que son crâne, l'enveloppe de ce prodigieux cerveau, reste en leur possession.

Puisqu'il ne reste que les ossements du défunt, « qu'on peut détacher sans indécence », écrit l'ambassadeur à d'Alibert, il ne se fait pas scrupule « de conserver pour les cartésiens de France l'instrument des écrits immortels du grand homme », les os de sa main droite.

Ces reliques étant emportées par leurs heureux bénéficiaires, les cendres de René Descartes sont placées pour la commodité du transport dans un cercueil de cuivre de deux pieds et demi. On juge à propos de l'enchâsser dans de fortes barres de fer, scellées à la forge en présence de témoins, afin d'éviter tout trafic. Pour plus de sûreté le chevalier de Terlon, nommé ambassadeur au Danemark, conserve le cercueil dans son antichambre jusqu'à son départ pour Copenhague. Il fait restaurer la pyramide dressée par Chanut, l'orne des plaques de marbre gravées d'éloges en lettres d'or, toujours aux dépens de d'Alibert, et il lui rend compte de son succès. « Les cendres sont à eux » !

Mais en France le Trésorier Général butte sur une forte opposition du parti dévot. Les cendres de Descartes, « instituteur d'une pseudo religion universelle » et objet d'un culte qui tourne au délire, de retour en France ? Jamais ! Les dévots et la Compagnie du Saint-Sacrement se répandent en calomnies, les « bons catholiques » s'agitent, des théologiens ennemis fanatiques des calvinistes citent les délires de Vœtius pour le faire condamner.

Les « cartésiens » emploient tous leurs amis pour parer ces coups. Le résident de France à Hambourg s'efforce d'obtenir de la reine Christine, convertie à la religion catholique après son abdication, un « certificat de catholicité » attestant que Descartes pratiquait « la vraie religion ».

Claude Clerselier et l'abbé Picot écrivent au père Viogué, nommé Assistant français du Supérieur général des Augustins, à Rome, pour lui demander un certificat de piété. Il s'empresse de le rédiger en des termes si enthousiastes qu'il en fait un dévot !

Le chevalier de Terlon rencontre enfin Christine pour lui demander un certificat de catholicité. Elle est furieuse.

– Si j'avais été dans le royaume, jamais je n'aurais souffert qu'on enlève ce trésor de Suède. Je l'aurais fait transporter dans une église et je l'aurais couvert d'un magnifique tombeau !

Elle rédige l'attestation sur le même mode excessif que celle du père Viogué.

Le cercueil de Descartes parvient non sans difficultés à l'ambassade de France à Copenhague, car bien des matelots refusent de transporter des corps, « cela porte malheur ».

Le chevalier de Terlon écrit au jeune roi Louis XIV, l'informe de tout, souligne les mérites de cet illustre français, « une partie de la gloire de son royaume », et le prie de lui faire connaître sa volonté. Le roi s'informe auprès des cartésiens qui touchent à sa Cour et malgré l'opposition du parti dévot envoie à son ambassadeur l'ordre de faire transporter le corps par son autorité royale.

Pendant trois mois l'ambassadeur prépare le dernier voyage de René Descartes. « Le cercueil, enveloppé dans un ballot de hardes scellé du sceau de l'ambassadeur, inviolable, (« la valise diplomatique »), voyagera par la terre, loin des hasards de la navigation, car si ce précieux dépôt venait à tomber entre les mains des Anglais, parmi lesquels monsieur Descartes a une infinité d'adorateurs, ils refuseraient de le rendre et lui élèveraient un magnifique mausolée dans leur pays sous prétexte de dresser un temple à la Philosophie », écrit le chevalier à d'Alibert.

Les « cartésiens » néerlandais et allemands feraient de même et les agents de la Compagnie du Saint-Sacrement vont tenter de s'en emparer pour le détruire. Il confie à deux agents incorruptibles qui opèrent sous couverture de domestiques, le sieur de l'Épine, maître d'hôtel du précédent ambassadeur, et le sieur du Rocher, son premier valet de chambre, la délicate mission de l'escorter en sûreté jusqu'à Paris. Puis l'ambassadeur écrit à messieurs de Lionne et Colbert afin qu'ils ordonnent aux douaniers de ne pas ouvrir le cercueil pour en vérifier le contenu.

Toutes ces précautions prises, les sieurs de L'Épine et du Rocher, porteur d'une lettre pour d'Alibert, se mettent en route le 2 octobre 1666.

Trois jours après, afin de laisser le temps à ses agents d'arriver en France incognito, le chevalier de Terlon écrit à d'Alibert par la « voie ordinaire », la poste, afin qu'il publie la nouvelle de ce retour dans tout Paris et qu'il l'insère dans les gazettes. À titre de reconnaissance de ses soins et de son dévouement il demande qu'on ajoute à l'inscription sur le tombeau de Descartes « Ce transfert a été fait sous Louis XIV par le chevalier de Terlon, son ambassadeur ».

En trois jours ses agents ont traversé sans incident le Jutland, la Basse Allemagne, la Hollande et la Flandre, mais à Péronne, en Picardie, ils sont arrêtés par les douaniers. Malgré les ordres du roi, de Colbert et de l'ambassadeur, les commis rompent les sceaux, ouvrent le cercueil, enlèvent les ossements et en dressent l'inventaire en présence de « témoins de bonne foi ».

Les cartésiens de France, qui redoutaient que des voleurs s'en emparent pour les vendre ou que le parti dévot les fasse inhumer en un lieu inconnu afin que nul ne puisse se recueillir sur sa tombe de Descartes, ont organisé et payé l'excès de zèle des douaniers picards afin de permettre l'ouverture légale du cercueil.

Début janvier 1667 les cendres parviennent à Paris et sont mises en dépôt sans cérémonie dans une chapelle de l'église Saint-Paul. Car pendant ce voyage de trois mois dans le Nord de la France les ossements répertoriés ont été remplacés par ceux d'hommes morts dans l'anonymat et la misère inhumés dans des fosses communes. Les cendres de Descartes ont été mis en terre en présence de « cartésiens » de tous pays en un lieu connu d'eux seuls. Mais durant des années des charlatans voleront des os dans les cimetières pour en faire des « reliques de Descartes »...

Pour sa sépulture officielle Clerselier propose aux cartésiens l'église Sainte-Geneviève-du-Mont.

– Ce haut-lieu, regardé comme le sanctuaire des sciences et comme celui de la Religion, permettrait d'exposer ce corps symbolique à toute la France sur le lieu le plus élevé de la capitale et sur le sommet de la première université du royaume afin que les dépouilles de la mortalité de ce grand homme puissent servir de trophée à la Vérité éternelle que son esprit a recherchée sur terre et que son âme possède dans l'autre monde autant qu'il est permis de l'espérer de la miséricorde de Dieu.

D'ailleurs il a déjà pris ses dispositions.

— Le Supérieur général de la congrégation de Sainte-Geneviève, l'abbé François Blanchard, accepte cette proposition et tous les religieux de la Maison y consentent d'une seule voix. Messieurs de Sainte-Geneviève veulent bien prendre soin de l'appareil funèbre qui regarde la décoration de leur église.

Ce choix approuvé, d'Alibert leur ouvre un crédit illimité pourvu qu'ils fassent la chose avec un éclat et une magnificence qui ne laissent rien à désirer. Il est demandé au chancelier de l'université, le père L'Allemant, de composer l'oraison funèbre sur des mémoires fournis par Clerselier. Le père Foucher, chanoine de Dijon, se charge d'en composer une autre, d'une nature toute différente, destinée à être prononcée ailleurs, en présence de ses seuls amis.

Le vendredi 24 juin, au coucher du soleil, les « sectateurs et partisans de Descartes », disent les rapports de police, se rassemblent en un immense cortège devant l'hôtel particulier du Trésorier Général, rue Beautreillis, dans le Marais.

À ceux qui s'étonnent en apprenant que ses cendres ont reposé six mois sans surveillance, les cartésiens répondent qu'elles ont été remplacées par celles de morts anonymes afin de signifier que tout homme est égal aux autres hommes et pour qu'elles échappent au parti dévot. Mais pourquoi attendre six mois ?

La réponse de l'ordonnateur de la cérémonie surprend.

– Tempestive Excubandum, « je veille sur le temps opportun ». Le cercueil est arrivé à Paris début janvier. Après le solstice d'hiver, « la Porte des Dieux qui s'ouvre en frappant par 2 et 1 » le 21 décembre, la fête de l'Incarnation, le 24 décembre, annonce le cycle croissant de la lumière naturelle. Nous avons attendu qu'il soit accompli.

Ceux qui « entendent l'alchimie symbolique » l'approuvent.

– Au solstice d'été, « la Porte des Hommes s'ouvre en frappant par 2 et 1 », le 21 juin. Dans la nuit du 24 juin, quand les feux de la Saint-Jean annoncent le cycle décroissant de la lumière naturelle, l'inhumation symbolique s'accomplit.

– Ce double cycle figure l'existence, les travaux et l'œuvre du grand homme, précise un « cartésien » pour ceux qui n'ont pas compris.

La pompe funèbre se dirige vers l'église Saint-Paul. Après la levée du corps, le clergé de cette grande paroisse et une centaine de pauvres vêtus de neuf par d'Alibert au nom de Descartes, portant des flambeaux, se placent en tête d'une interminable suite de carrosses remplis de personnes de qualité, d'amis et d'une foule de gens qui n'ont pas eu l'honneur et la joie de le connaître. Ceux qui possèdent ce privilège leur parlent de lui.

– On ne pouvait le rencontrer sans l'aimer...

La procession traverse Paris « au milieu d'un grand concours de peuple tiré du lit par l'éclat de la cérémonie », signalent les rapports de police, et par le bruit des équipages. Le cortège arrive devant l'église Sainte-Geneviève peu après les matines.

L'abbé Blanchard, revêtu des habits pontificaux, mitre en tête, crosse en main, suivi de tous les chanoines de son Ordre tenant un cierge, accueille le corps à la porte de l'église avec un chant sacré. La foule, éclairée de mille flambeaux, se masse sur les parvis, dans les rues, aux fenêtres.

Les cendres, accompagnées par ses amis, font leur entrée dans la nef. L'abbé les conduit dans le chœur où l'on chante les vêpres solennelles des morts.

« L'industrie des pères de Sainte-Geneviève pour l'appareil funèbre et pour tout le cérémonial ecclésiastique, toujours fort majestueux, a renchéri sur tout ce que l'imagination du généreux monsieur d'Alibert a pu leur suggérer. Depuis la mort du cardinal de La Rochefoucauld, réformateur de leur Ordre, on ne se souvient pas d'avoir rien vu de plus pompeux dans leur église », notent les « jurés crieurs » sur leur registre.

La grosse sonnerie de Sainte-Geneviève se fait entendre par toute la ville. La première note du glas retentit « au moment où les tumultes du jour cèdent à la paix de la nuit ». Quand les assistants se séparent dans le silence nocturne, la capitale entière semble se recueillir à la mémoire du disparu.

L'abbé Blanchard a remis le service funèbre au lendemain. Dès l'aube une infinité de gens défile devant le cercueil posé sur le caveau, contre la nef, entre les chapelles de sainte Geneviève et de saint François de Sales, ami du cardinal de Bérulle. Mais quand l'abbé s'apprête à célébrer l'office un ordre de la Cour porte défense de prononcer publiquement l'oraison funèbre. La compagnie du Saint-Sacrement est intervenue !

Cependant le Supérieur général dit la messe pontificale solennelle avec magnificence. La cérémonie se termine en procession vers le tombeau. Il bénit les cendres une dernière fois.

Pendant que la foule s'écoule les amis de monsieur Descartes offrent aux religieux les titres et certificats de catholicité du défunt pour les archives de l'abbaye et une lame de cuivre où ils sont gravés. L'abbé l'enferme dans la tombe en leur présence, puis les fossoyeurs scellent le caveau.

Au sortir de l'église, d'Alibert mène les « personnes qualifiées » chez le fameux Bocquet où il a fait préparer un somptueux repas.

« Sont présents, notent les « auxiliaires de police », les principaux cartésiens de Paris, Montmor, d'Ormesson – juge au procès du surintendant des finances Nicolas Fouquet, il sauvera sa tête malgré l'ordre du roi, ce qui brisera sa carrière – Guedreville, maître des requêtes, d'Amboile, fils de d'Ormesson, Fleury, avocat, sous-précepteur de monseigneur le duc de Bourgogne et de monseigneur le duc d'Anjou, Cordemoy, avocat, lecteur de Monseigneur le frère du roi, Rohault, gendre de Clerselier et chef des écoles cartésiennes, Auzout, mathématicien, Le Laboureur, bailli de Montmorency, Petit, intendant des fortifications, Denys, médecin ordinaire du roi, Claude Clerselier... Et l'on n'a rien omis de ce qui pouvait bien solenniser la mémoire de M. Descartes. »

D'Alibert fait dresser un marbre contre la muraille. Sous le buste de Descartes en bas relief il fait graver deux inscriptions, l'une latine, due à Clerselier, l'autre, française, « de la veine de l'un des plus illustres et des plus savants magistrats qui composent le Conseil du roi », dit-il.

Descartes dont tu vois ici la sépulture
A dessillé les yeux des aveugles mortels
Et gardant le respect que l'on doit aux autels
Leur a du monde entier démontré la structure
Son nom par mille écrits se rendit glorieux
Son esprit mesurant et la terre et les cieux
En pénétra l'abîme en perça les nuages
Cependant comme un autre il cède aux lois du sort
Lui qui vivrait autant que ses divins ouvrages
Si le sage pouvait s'affranchir de la mort.

En 1677 Claude Clerselier publie *Le Monde ou le Traité de la Lumière*, œuvre posthume de René Descartes. En 1681 il révise et édite la traduction française de 1647 des *Principes de la Philosophie*. Condorcet, philosophe et mathématicien, dira de lui qu'il fut « l'homme le plus propre à répandre les vérités que Descartes avait enseignées et qui n'existaient encore que pour un petit nombre de sages ». En 1682 Louis XIV abolit et interdit les procès en sorcellerie.

En 1792 les lieux de culte, déclarés « biens nationaux », sont fermés pour être vendus. Le cercueil de Descartes exhumé de Sainte-Geneviève est exposé dans un musée. Des admirateurs et des trafiquants l'ouvrent et emportent des os.

En 1793 le frère du poète André Chénier, Marie-Joseph Chénier, député de la Convention, membre du Comité d'Instruction publique et auteur du *Chant du Départ*, indigné par cette situation, rédige un rapport sur ce pillage intolérable. Au mois d'octobre un décret est voté à l'unanimité par acclamations des députés.

La Convention nationale décrète ce qui suit.
Article I. René Descartes a mérité les honneurs dus aux grands hommes.
Article II. Le corps de ce philosophe sera transféré au Panthéon français.
Article III. Sur le tombeau de Descartes seront gravés ces mots

Au Nom du Peuple Français
La Convention Nationale
À René Descartes
1793 L'an Second de la République.
Article IV. Le Comité d'instruction publique se concertera avec le ministre de l'Intérieur pour fixer le jour de la translation.

Mais *la patrie en danger* lutte pour sa survie. Le cercueil reste au musée.

En 1819, après la Restauration, le parti dévot, toujours vigilant, parvient à escamoter les cendres trop ouvertement exposées à la vénération de ses admirateurs. Elles sont ensevelies en l'église Saint-Germain-des-Prés entre deux théologiens, Bernard de Montfaucon et Jean Mabillon. Un triptyque gravé dans le marbre rappelle leurs mérites respectifs et un buste de Mabillon coiffe le tout.

Descartes reste sous haute surveillance...

En 1822 un illustre chimiste suédois, Jons Jacob, baron Berzelius, nommé membre associé de l'Institut de France en raison de l'importance de ses travaux, offre le crâne de Descartes au baron Georges Cuvier, paléontologiste et zoologiste de renom. Ses collègues du Muséum d'histoire naturelle en relèvent les mensurations, les reportent sur le portrait dû à Frans Hals offert à la France par ses amis et concluent à son authenticité

En 1937 une aile du palais de Chaillot construit pour l'Exposition universelle abrite le musée de l'Homme. Dans une salle consacrée aux « races humaines », les visiteurs du monde entier admirent dans la vitrine des *Criminels et Hommes Illustres* les crânes de messieurs Cartouche, Saint-Simon et Descartes. La France commémore ainsi le trois-centième anniversaire de la publication du *Discours de la Méthode* et de sa *Géométrie*...

Le siècle, le vingtième, le vingt-et-unième et au–delà, n'en a pas fini avec les idéologies religieuses, rationalistes et matérialistes et les préjugés de l'opinion ordinaire sur Descartes.

Au vingtième siècle, deux philosophes catholiques, Jacques Maritain et Étienne Gilson, entre autres, ont dénoncé « le péché de présomption » de sa métaphysique.

En 2009, Theodor Ebert a publié aux éditions Alibri une thèse sur sa mort, *der rätselhafte Tod des René Descartes*. D'après l'analyse des symptômes de son agonie l'auteur conclut qu'il fut empoisonné. Sans doute, puisque les témoins ont été contraints de se taire. Pour Ebert, le père François Viogué a commis ce crime avec deux hosties empoisonnées au cyanure qu'il lui aurait donné en communion afin que l'illustre Maître ne dissuade pas la reine Christine de se convertir au catholicisme. Un « damné papiste » est capable de tout ! C'est du niveau des procès des sabbats de sorciers et sorcières accusés de percer d'un poignard des hosties consacrées pendant « les messes noires »...

Inutile d'évoquer des fantasmes religieux. L'appui du cardinal-neveu, du pape Urbain VIII, de cardinaux italiens et français et des Ordres religieux, jésuites, minimes, augustins, oratorien, qu'il a toujours pris soin de mettre de son côté, disait-il, en tenant compte leurs remarques et objections, ne lui a jamais manqué.

Durant vingt années de séjour aux Pays–Bas Descartes a changé dix–neuf fois de résidences, qu'il gardait secrètes, pour échapper aux agents de Richelieu, des intégristes catholiques et des calvinistes fanatiques qui l'accusaient à la fois d'être athée, hérétique, faux prophète, « du parti papiste acharné à discréditer la bible » et autres délires. Si certains sont parvenus à l'empoisonner, ce qui est probable mais non prouvé, c'est parce qu'à la Cour de Suède il était vulnérable puisque le prince d'Orange-Nassau et ses amis néerlandais ne pouvaient plus le protéger et que les protestants vainqueurs de la guerre de Trente Ans avaient éliminé les congrégations catholiques et les services secrets du Vatican qui l'auraient prévenu d'un complot.

En 2011 Claire Husemann a traduit et publié aux éditions Hermann le livre de Ebert, *L'énigme de la Mort de Descartes*.

« Autant en emporte le vent », dirait François Villon.

Mort, René Descartes n'est nulle part, ses obsèques étaient symboliques.

Vivant, il est partout, dans le portrait de Frans Hals, dans les mathématiques, dans la médecine, dans les sciences et les techniques, dans la « réforme générale du monde » et dans « les progrès de l'esprit humain », disait Condorcet, qu'elle a générés.

Tout Descartes est dans sa vie, son œuvre et son amour de l'humanité.

« Comme un homme qui marche seul et dans les ténèbres, je résolus d'aller si lentement et d'user de tant de circonspection en toutes choses, que si je n'avançais que fort peu, je me garderais bien, au moins, de tomber.

« Et je jugeais que le mieux était de communiquer fidèlement au public le peu que j'aurais trouvé, et de convier les bons esprits à aller plus loin, en contribuant, chacun selon son choix et ses possibilités, aux expériences qu'il faut faire, afin que, les derniers commençant où leurs prédécesseurs ont terminé, et ainsi joignant nos vies et nos travaux, nous allions tous ensemble beaucoup plus loin.

« Si [l'on] fait connaître combien il est important de continuer en la recherche de ces vérités, et jusqu'à quel degré de sagesse, à quelle perfection de vie et à quelle félicité elles peuvent conduire, j'ose croire qu'il n'y en aura pas un qui ne tâche de s'employer à une étude si profitable, ou du moins qui ne favorise ou veuille aider de tout son pouvoir ceux qui s'y emploieront avec fruit.

« Je souhaite que nos neveux en voient le succès.

« Je vous prie de m'aimer, comme je crois que vous le faites. Aimez-moi, vivez dans la joie, portez-vous bien.

René Descartes

www.ingramcontent.com/pod-product-compliance
Lightning Source LLC
Chambersburg PA
CBHW071955220426
43662CB00009B/1142